Textes de Laurence Caradec, Mélanie Erhardy,
Marie-Odile Judes, Dolorès Mora, Marie Page,
Bénédicte Rauch, Ann Rocard, Marie-Sabine Roger,
Béatrice Rouer, Béatrice Solleau

Illustrations de Jean-Pierre Corderoc'h,
Marie-Anne Didierjean, Maryse Lamigeon, Frankie Merlier,
Dominique Pellequer, Charlotte Roederer, Olivier Vaillon

Couverture illustrée par Frankie Merlier

sorcières fées géants

histoires courtes et amusantes

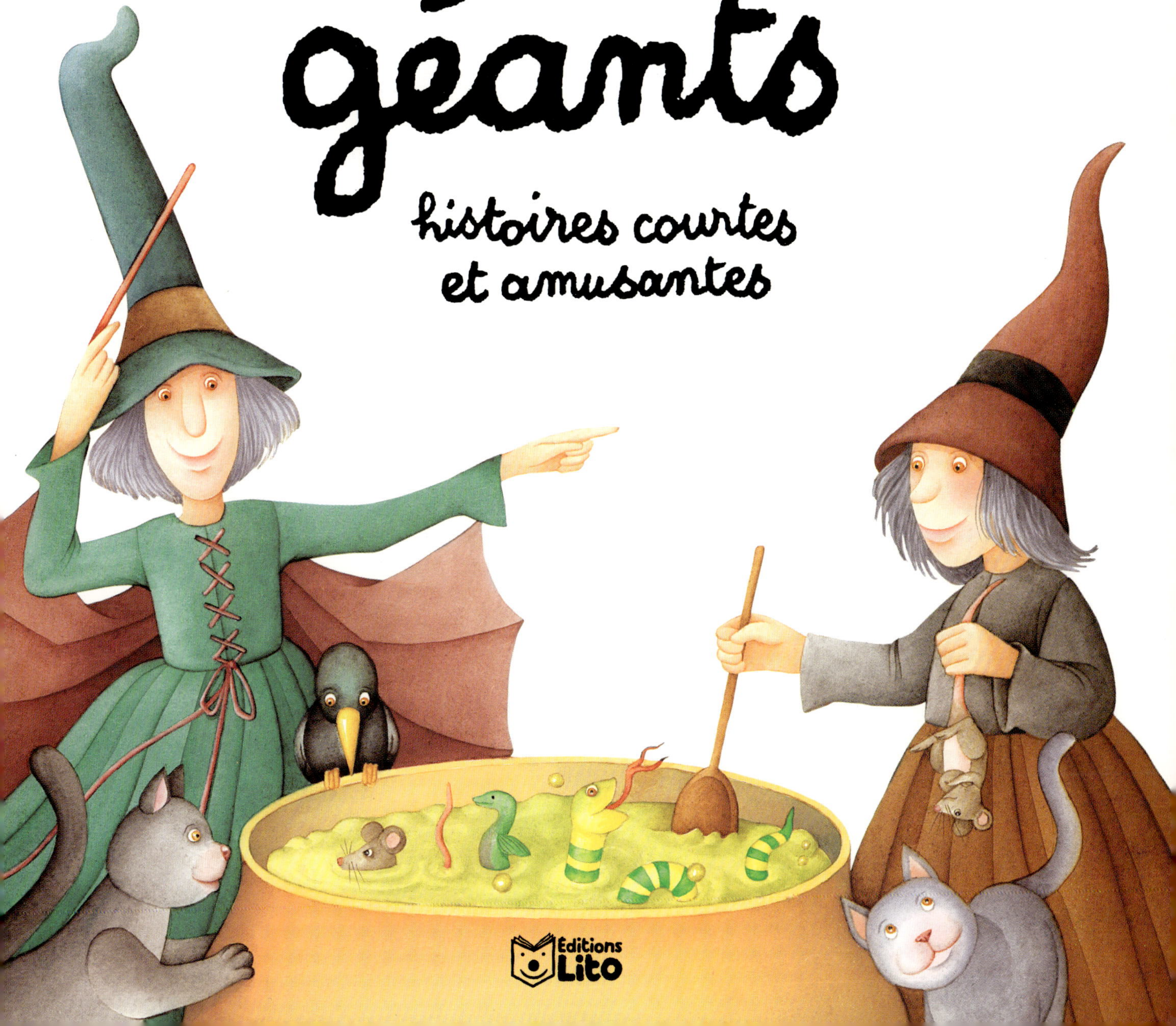

Éditions Lito

La sorcière Poil-de-Balai

Laurence Caradec
Illustrations de Dominique Pellequer

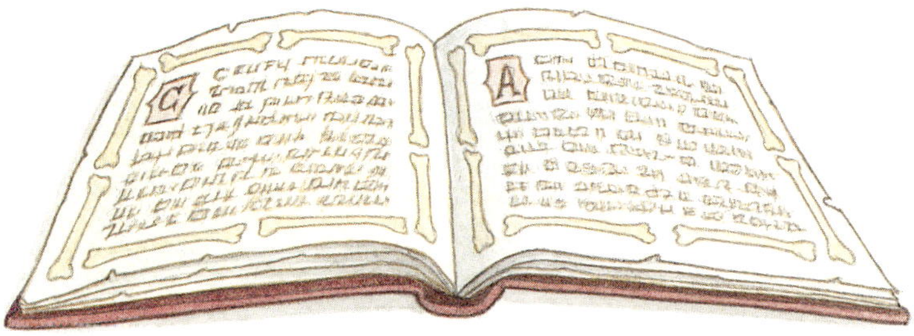

OCULI VIPERARUM ASPIS
Rana esculenta Aug-78

Il était une fois une sorcière qui s'appelait Poil-de-Balai. C'était la sorcière la plus laide de toute la contrée, et son nez était orné, vous l'aurez deviné, d'un poil qui ressemblait trait pour trait à un poil de balai.

Un jour qu'elle se regardait dans son miroir, elle se dit : « Non, non, non, ce n'est plus possible d'être aussi horrible ! J'en ai assez que tout le monde se moque de mon nez ! Ça suffit : Anne-Sophie, la souris, rigole quand sur mon balai je caracole. Caillou-Choux, le hibou, dit à tout le monde que je pique des joues. Et même Lucienne, la luciole musicienne, quand elle me voit, ferme ses persiennes. Jeter des sorts, je vous l'assure, ce n'est pas une vie. »

Son miroir, qui s'appelait Gros-Bêta, se moqua :

– Que te vaut tant de tristesse ? Voudrais-tu ressembler à une princesse ?

– Oh, tais-toi, Gros-Bêta ! Mais au fond, pourquoi pas ?

Elle chercha dans sa mémoire, puis dans ses vieux grimoires. Et elle dit :

– Ça y est, j'ai trouvé ! Nous

allons fabriquer, pour que je devienne magnifique, un gros chaudron de potion magique. Regarde un peu ça, Gros-Bêta ! Une robe bustier et un collier, une paire de bas et du mascara, des escarpins et un petit calepin, une carte bleue et un crayon pour les yeux, un tube de rouge à lèvres vermeil et des boucles d'oreilles, une encyclopédie et un maillot de bain riquiqui, et un gros gâteau au chocolat.

Pour compléter tout cela, elle ajouta enfin un grand flacon de parfum. Elle touilla, mixa, filtra, passa le tout au chinois. Le mélange était rose et transparent.

Puis elle chanta comme une petite chanson :

« Abracadabri, abracadabra,
Pour que le prince charmant
me tombe dans les bras,
Il faut que je boive un verre
de ce truc-là. »

Aussitôt dit, aussitôt fait. Elle courut vers le buffet, remplit un grand gobelet et le vida d'un seul trait.

Et bien sûr, c'est en princesse qu'elle se transforma.

– Que dis-tu de tout cela, Gros-Bêta ?

Elle grimpa sur son scooter et partit à la rencontre du bonheur.

La fée du bobo

Béatrice Solleau
Illustrations de Charlotte Roederer

Plus tard quand elle serait grande, Chloé voulait être fée. Pour s'entraîner, elle allait en vélo à la campagne. Quand elle croisait un camion sur sa route, elle lui disait pour voir :

– Espèce de gros patapouf, deviens vite une passoire !

Mais le camion restait camion. « Teuf ! Teuf ! » faisait-il en continuant de rouler.

– Raté ! soupirait Chloé.

Elle posait son vélo sur le bord d'un chemin et disait aux pâquerettes :

– Petites fleurs, devenez des choux-fleurs !

Mais les pâquerettes n'écoutaient pas, elles restaient petites fleurs et voilà.

Un après-midi d'été, alors que Chloé avait décidé de changer une coccinelle en coccinelle, comme ça elle était sûre d'y arriver, elle vit trois petites bonnes femmes qui l'observaient. C'étaient les fées des champs.

– En voilà une drôle de fée ! dit la première.

– Une fée n'importe quoi ! ajouta la deuxième.

– Montrons-lui comment faire ! dit enfin la dernière.

– Petit coquelicot, deviens vite rigolo, dirent en chœur les trois fées.

À elles, les fleurs obéissaient. Un coquelicot se détacha de sa tige et alla se poser sur le nez de Chloé.

– Le clown a mis son nez rouge ! crièrent les trois fées, riant tant qu'elles pouvaient.

Malgré leurs moqueries, Chloé continua de s'entraîner.

Un jour, alors qu'elle demandait à un pissenlit de changer de couleur, sans résultat, elle vit les trois fées qui se disputaient.

– Ici, nous ferons un terrain de football ! disait l'une.

– Non, un potager ! criait l'autre.

– Pas du tout, nous mettrons des bancs pour pique-niquer ! hurlait la troisième.

– Puisque c'est comme ça, abratagada, que tout pique ! s'énerva la première.

Et soudain il y eut des épines sur les fleurs, dans l'herbe, sur les cailloux. Les fées se piquèrent les orteils, les mains, les genoux.

– Arrêtez tout ! dit la fée qui avait fait ça.

Et tout s'arrêta : les épines de pousser, les fées de se piquer. Mais elles étaient couvertes d'égratignures.

Pour soigner les blessées, Chloé courut chercher dans la sacoche de son vélo des crèmes, du coton, des pansements. En remerciement, elle fut décorée avec un bouton-d'or. Puis les fées déclarèrent :

– Petite Chloé, bravo ! Nous te faisons fée du bobo.

Grand-mamifée

Béatrice Rouer
Illustrations d'Olivier Vaillon

La maman de Cornelia est une fée. Mais c'est une fée très occupée. Elle a un beau magasin où elle vend de la poudre de perlimpinpin, des baguettes magiques, des eaux précieuses, des recettes très utiles et efficaces. Comme par exemple, la formule pour transformer une baguette de bois en baguette de pain. Vous pensez bien qu'elle a beaucoup de clients. Seulement, elle n'a pas beaucoup de temps pour sa petite fille. Alors, Cornelia s'ennuie…

Il y a bien sa mamifée. C'est la maman de sa maman. Elle habite la maison d'à côté. Malheureusement, elle n'est pas souvent là. Mamifée est très demandée : c'est elle qui est chargée de donner des qualités aux bébés nouveau-nés. Elle s'arrête dans les maisons où un bébé vient de naître et elle dit :

– Abracadabra, prêchi-prêcha, bébé nouveau-né, je te donne la beauté, l'intelligence, la bonté…

Il y a aussi l'arrière-grand-mère de Cornelia. Elle s'appelle grand-mamifée. C'est la maman de sa mamifée. Mais elle habite dans un autre village et Cornelia ne va pas la voir très souvent.

Un jour pourtant, tout change… Les parents de Cornelia ont quelque chose d'important à lui expliquer :

– Écoute, Cornelia, lui dit sa maman, tu sais que grand-mamifée est très très vieille.

– Oui, dit Cornelia.

– Tellement vieille que maintenant, elle ne peut plus habiter sa maison.

– Ah bon, pourquoi ?

– Tu comprends, elle ne sait plus très bien ses formules magiques. Alors, elle se trompe et elle n'arrive même plus à transformer une soupe de poireaux en soupe en sachet.

– Et puis, ajoute son papa, elle est trop fatiguée pour faire ses courses toute seule.

– Mais alors, demande Cornelia, qu'est-ce qu'elle va faire ?

– Elle va venir dans notre village. Elle habitera une grande maison spéciale pour les vieilles grands-mères fées. On s'occupera bien d'elle, et elle n'aura plus besoin de se faire du souci pour ses courses ou sa cuisine.

Et grand-mamifée est arrivée dans le village de Cornelia.

Quelques jours après, en rentrant de l'école, la petite fée s'arrête pour lui dire bonjour. Elle trouve que sa grand-mamifée a l'air triste. On dirait qu'elle s'ennuie très fort dans cette grande maison où elle n'a plus besoin de rien faire.

Alors Cornelia lui propose un jeu. Elles vont jouer aux sorcières en colère. C'est un jeu de cartes très facile. Mais ce qui est difficile, c'est de jouer toutes les deux ensemble. Car grand-mamifée est un peu sourde et Cornelia ne sait pas encore bien reconnaître les cartes. Mais tant pis, on s'arrange : c'est grand-mamifée qui fait les tas, et quand il y a bataille de sorcières, Cornelia crie très fort : « Bataille ! » pour que grand-mamifée entende bien.

Elles s'amusent tellement toutes les deux que le lendemain, en sortant de l'école, vite, Cornelia s'arrête à la grande maison de grand-mamifée.

Celle-ci l'attend avec impatience. Elle a besoin que Cornelia lui retrouve dans son armoire la formule magique pour recoudre les chaussettes.

Cornelia farfouille dans tous les papiers, mais elle ne sait pas encore lire. Alors elle prend une recette au hasard et la tend à grand-mamifée. Celle-ci ne fait pas très attention et elle lit :

– Boule de cailloutchou et gonflanance, chaussette, recouds-toi.

Mais la chaussette ne se recoud pas : elle se transforme en ballon ! Cornelia et grand-mamifée rient tellement fort qu'elles ne peuvent plus s'arrêter.

À partir de ce jour, tous les soirs en rentrant de l'école, Cornelia passe dire bonjour à son arrière-grand-mère. Elle n'a plus le temps de s'ennuyer, et grand-mamifée non plus. Elle apprend à son arrière-petite-fille de vieilles formules magiques que même sa maman a oubliées.

Après ça, elle est quelquefois bien fatiguée. Elle aimerait se reposer… Seulement voilà, Cornelia trouve toujours un livre :

– Tu me racontes une histoire ?

– Bon, dit grand-mamifée, d'accord, à condition que tu retrouves mes lunettes.

Cornelia cherche partout, et ça prend quelquefois du temps. Quand enfin elle les a, vite, elle vient se serrer dans le grand fauteuil, tout contre la vieille fée, et elle écoute l'histoire. Presque toujours, à la fin de l'histoire, grand-mamifée ferme les yeux : elle s'endort en ronflant un peu. Alors Cornelia se lève doucement. Elle va chercher une couverture et la pose sur les genoux de son arrière-grand-mère. Puis elle lui fait un petit baiser en chuchotant :

– Dors, grand-mamifée chérie, tu as ta petite Cornelia qui s'occupe bien de toi.

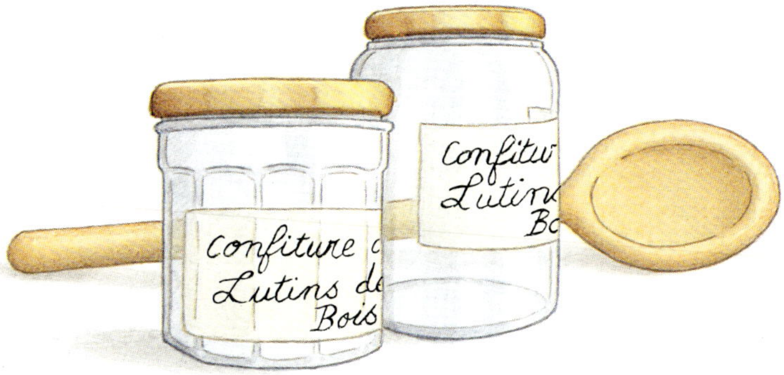

La confiture de lutins

Marie-Sabine Roger
Illustrations de Dominique Pellequer

La sorcière Vilenie était fort gourmande. Ce qu'elle préférait entre tout, c'était la confiture de lutins.

Recette

Pour faire une confiture
De lutins :
Une trentaine de lutins
De bonne figure.
(Pas trop gras, ni maigres non plus,
Car il faut du jus.)
Trois kilos de sucre en morceaux
Pas trop gros.
Cuisez à feu vif, jusqu'à ébullition.
Mettez en pots.
Mmmmh, que c'est bon !

Mais Vilenie avait un problème : les lutins n'étaient jamais d'accord pour se laisser attraper. Il lui fallait courir des heures dans la montagne, tout ça pour ramener quoi ? Des courbatures, et deux ou trois vieux lutins rassis !

Aussi Vilenie décida de construire un piège à lutins. Elle construisit une petite cage en forme de maisonnette, qu'elle peignit en vert mousse. Elle dessina une belle enseigne : « Auberge du Gourmand Lutin ». Puis elle se déguisa en courant d'air, et attendit…

Au bout d'un moment, elle vit

apparaître un lutin, puis deux, puis douze, puis vingt-trois, puis vingt-sept, et enfin trente !

Ils étaient massés devant la porte, sans oser entrer. Alors par maléfice, elle envoya jusqu'à leurs narines un délicieux fumet de criquet rôti… Alléchés, les lutins se précipitèrent à l'intérieur. Aussitôt, crac ! Vilenie referma la porte, et emporta la cage dans son antre.

À l'intérieur du piège, les lutins terrorisés se demandaient comment s'enfuir. Par les fentes entre les planches, ils pouvaient voir la sorcière préparer le sucre, la balance, la grande cuillère en bois, la louche, et des bocaux de verre avec une étiquette : « Confiture de lutins des bois ».

– Que faire ? Que faire ? gémissaient les lutins.

– Moi, je sais ! s'exclama Turbule, le plus petit d'entre eux, en reniflant tout autour de lui. Écoutez-moi tous !

Lorsque Vilenie ouvrit la cage quelques instants plus tard, elle eut un hoquet de surprise.

– Mais qu'ont-ils donc, tous ces lutins ? dit-elle.

Elle en saisit un entre le pouce et l'index : il était tout vert. D'un drôle de vert poisseux qui collait aux doigts. Et il se laissait tourner et retourner, tout mou, en dodelinant de la tête, l'air bien malade. Dans la cage, tous les autres lutins étaient pareils : verts, poisseux, avachis !

– Ah non ! C'est bien ma chance ! s'écria Vilenie, en colère. J'ai capturé des lutins pas frais ! Eh bien, c'est fini ! Ter-mi-né ! Je ne ferai plus jamais de confiture de lutins ! Foi de sorcière !

Et furieuse, elle alla les jeter dans la poubelle du jardin… d'où ils s'enfuirent en riant, dès qu'elle eut le dos tourné.

Une fois rentrés chez eux, ils n'eurent qu'à se débarbouiller dans la rivière, pour enlever la peinture verte avec laquelle Vilenie avait badigeonné les murs de leur prison !

Quant à Vilenie, de dépit, elle se fit une bassine de confiture aux champignons. Et comme ils n'étaient pas bons, elle mourut d'indigestion !

Le géant a mal aux dents

Bénédicte Rauch

Illustrations de Frankie Merlier

Il était une fois un géant très gourmand qui mangeait tout ce qui lui tombait sous la dent… sauf les gens, heureusement.

Ce géant s'appelait Armand et demeurait près d'une ville de cent mille habitants où tout le monde le connaissait. C'est évident !

Souvent, les enfants rendaient visite à Armand, car il leur racontait des récits très amusants tout en grignotant des gâteaux appétissants qu'il partageait généreusement.

Un matin, en se réveillant, Armand poussa un grand hurlement.

– Aïe ! Aïe ! Aïe ! J'ai mal aux dents ! Il faut faire quelque chose très rapidement !

Alors on fit venir le dentiste, qui entra avec tous ses instruments dans la bouche du géant. Quand il en sortit, il déclara en homme savant :

– Pour soigner tout ça, il me faudrait cent ans !

– Impossible, dit le géant. Je souffre tellement. Trouvez-moi un médicament dès maintenant.

Comme il n'y avait pas de calmant assez puissant, les enfants eurent l'idée de chanter une berceuse pour endormir le géant :

– Dodo, Armand, dodo, géant, oublie un peu ta rage de dents...

Et quand il fut endormi profondément, le dentiste dit :

– Ces dents n'ont jamais été brossées. Il faut faire venir les pompiers pour les nettoyer bien proprement.

Sans peine, le camion des pompiers entra dans la bouche du géant. Et le chef des pompiers arrosa toutes les caries avec la lance à incendie très facilement.

Quand les dents du géant furent bien propres, une équipe de travailleurs arriva pour les soigner, avec des marteaux piqueurs. Et le chef de chantier, sous les ordres du dentiste, leur cria :

– En avant ! Entrez dans la bouche du géant ! Entrez tous là-dedans.

Comme Armand menaçait de se réveiller à cause des marteaux piqueurs si bruyants, les enfants chantèrent plus fort et plus longtemps :

– Dodo, Armand, dodo, géant, fini bientôt le mal de dents...

Dans le chantier de l'immense bouche, il fallut faire entrer une bétonnière et plusieurs tonnes de ciment pour fermer les trous béants. C'était urgent !

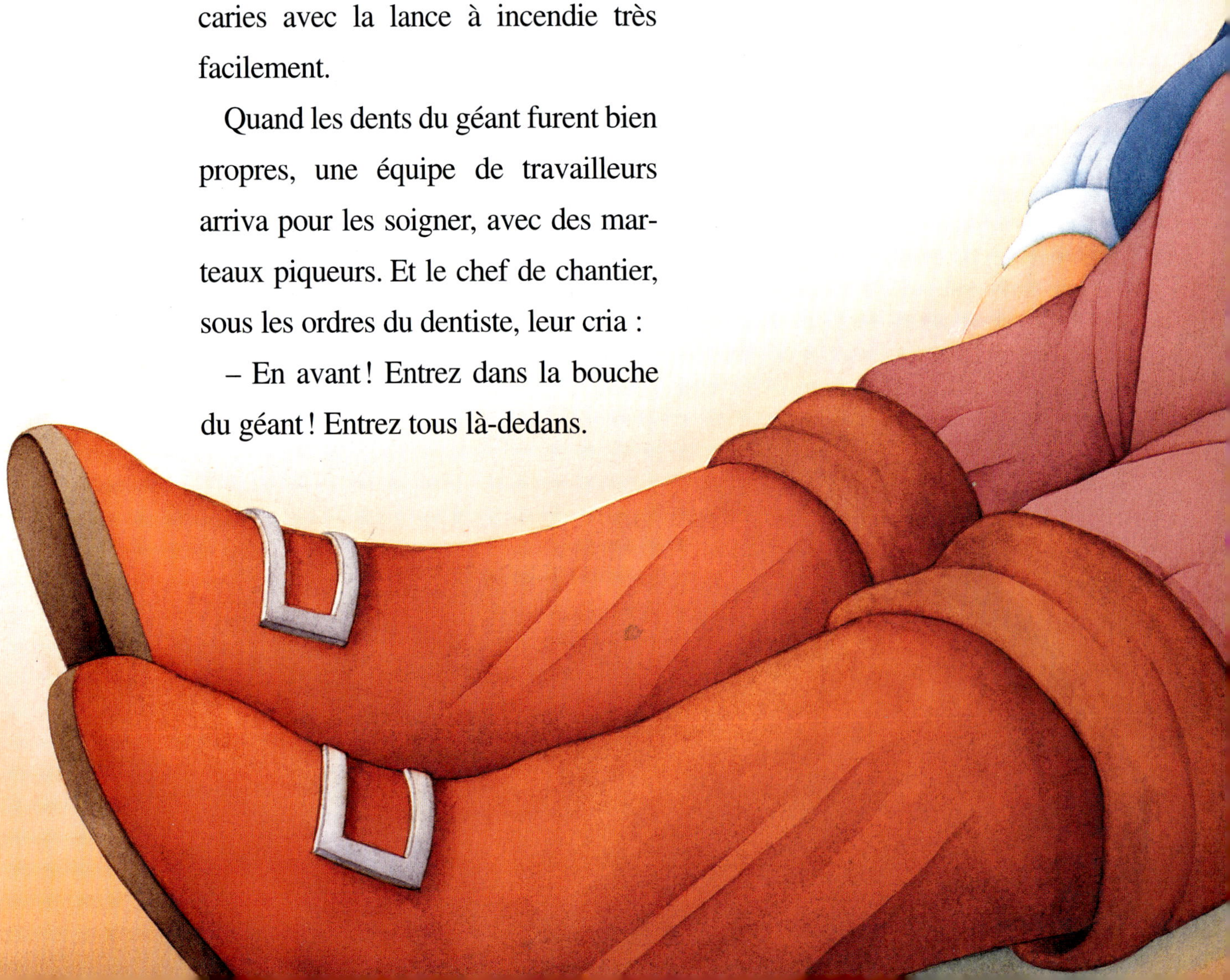

Enfin, une équipe de balayeurs vint astiquer les dents du géant pour lui faire un sourire tout neuf et très brillant.

Et quand tout fut terminé, les enfants chantèrent :

– Armand gros gourmand, tu peux te réveiller, ton mal de dents s'est envolé comme par enchantement…

Armand le géant fut si content de ne plus avoir mal aux dents qu'il promit de les nettoyer régulièrement. Et il fit un sourire étincelant à tous ces gens si charmants.

La fée du potager

Ann Rocard

Illustrations de Maryse Lamigeon

Sandrine est une petite fille surnommée Cendrillon. Pourtant, elle est habillée comme les filles de son âge : des baskets et un jean bleu.

Sandrine adore faire du patin à roulettes, à côté du potager de son grand-père Robert. Là-bas se trouve une rue bien lisse, où ne passe aucune voiture. Une pirouette par-ci, une pirouette par-là ! Sandrine est une vraie championne !

Ce matin, la petite fille ronchonne :

– Ce n'est pas juste. On m'appelle Cendrillon et ma marraine n'est même pas une fée. C'est une maîtresse de maternelle !

Elle montre une grosse citrouille et soupire :

– Un potiron transformé en carrosse ? Ça n'existe pas ! C'est comme si cette citrouille explosait tout à coup… et devenait une trottinette ou un vélo.

Paf ! À peine a-t-elle prononcé ces mots, que le potiron explose en mille morceaux ! Un superbe vélo apparaît : un magnifique V.T.T.

Sandrine écarquille les yeux : impossible ! Elle va se réveiller, elle est en train de rêver…

– Tu ne dors pas ? dit une voix.

Sandrine se retourne. Une belle jeune femme se tient au pied d'un pommier. Elle est vêtue d'une salopette étoilée et porte des chaussures de tennis dorées. Ses cheveux bouclés sont couverts de paillettes argentées. Elle tient une baguette métallique entre deux doigts et répète :

– Tu ne dors pas, Sandrine ?

– Vous connaissez mon prénom ?

– Naturellement. Je suis la fée du potager. J'habite ici depuis de nombreuses années, bien avant ta naissance. Mon arrière-arrière-arrière-grand-mère était la marraine de Cendrillon.

– La vraie Cendrillon ? s'étonne Sandrine. Elle a existé ?

– Évidemment, sourit la fée du potager.

La belle jeune femme agite sa baguette métallique et se met à danser entre les fleurs et les légumes, en chantant d'une voix claire :

« Je suis la fée du potager.
Je transforme ce qui me plaît :
un potiron en V.T.T.,

un poireau en corde à sauter,

un concombre en trampolino...

Trois carottes pour un cerceau !

Ce potager, c'est fantastique,

est parfait pour la gymnastique ! »

Une heure plus tard, il ne reste plus un seul légume dans le potager de grand-père Robert.

– Que va-t-il dire ? s'inquiète Sandrine.

– Rien du tout, assure la fée. À chaque fois qu'il vient jardiner, il n'arrête pas de gémir : « Ah, si tous ces légumes pouvaient disparaître, j'arrêterais enfin de m'en occuper et je n'aurais plus jamais mal au dos. »

La fée du potager tourne trois fois sur elle-même et elle ajoute :

– Je suis sûre qu'il sera ravi... Promis ! Au fait, tous ces cadeaux sont pour toi. Range-les dans la cabane que tu vois là-bas. Personne n'y entre jamais.

Sandrine obéit, puis elle rejoint la belle jeune femme. La fée en salopette s'est assise sur une pierre et elle confie un dernier secret à la petite fille :

– Demain, je partirai à la recherche d'un autre potager. Une fée telle que moi ne peut pas vivre sans citrouille.

– Je ne vous reverrai plus ? demande tristement Sandrine.

– Mais si, Cendrillon, tous les samedis ! promet la fée en riant.

Et c'est vrai : la fée du potager tient sa promesse. Chaque samedi, elle attend Sandrine en faisant le poirier au pied d'un pommier. Elle l'attend même avec impatience, car la petite fille lui apprend à faire du patin à roulettes. Une pirouette par-ci, une pirouette par-là ! Elle sera bientôt la championne du royaume des fées !

La fée Miranda et son frère

Marie Page
Illustrations de Jean-Pierre Corderoc'h

Lorsque Miranda est venue au monde, trois fées ont félicité sa maman et lui ont dit :

– Votre fille a été choisie pour être une fée, vous lui remettrez cette baguette lorsqu'elle aura six ans.

Le temps a passé. Maintenant, Miranda a six ans. Elle est fière de sa baguette et elle s'amuse à transformer les chardons en roses et le pain rassis en gâteau à la fraise. Mais Pierrot, le frère de Miranda, est jaloux. Il ne supporte pas de voir tout le monde admirer sa sœur du matin au soir. Un jour, il décide de lui voler sa baguette. On va bien voir que lui aussi peut accomplir des prodiges.

Pendant que Miranda dort, Pierrot entre dans sa chambre et s'empare de la baguette argentée qui est placée sur un coussin de velours. Vite, il retourne dans sa chambre. Maintenant, lui aussi va tout transformer autour de lui. Il donne un coup de baguette sur ses vieilles pantoufles :

– Vieilles pantoufles, je veux que vous soyez changées en voiture de course.

Mais rien ne se passe.

– Bon, c'est peut-être impossible, dit-il, je vais demander autre chose : vieilles pantoufles, transformez-vous en bottes neuves.

Rien ne se passe. Il tente de changer son ballon crevé en raquette de tennis, mais il n'y réussit pas. À force d'essayer, il découvre que dans ses mains à lui, la baguette n'est pas magique. Pourquoi sa sœur parvient-elle à faire tout ce qu'elle veut et lui pas ? De colère, il brise la baguette et la jette par la fenêtre.

Lorsque Miranda se réveille et constate que sa baguette magique a disparu, elle est très inquiète. Elle appelle sa maman. Toutes les deux regardent sous le lit, derrière l'armoire, partout. Rien ! La maman interroge son fils. Il répond qu'il ignore où est passée la baguette.

Miranda est très malheureuse. Toute la journée, elle se promène avec un air triste. Que va-t-elle faire sans sa baguette ?

Le jardinier, qui taille les roses, a cru qu'une branche du beau rosier qui grimpe le long du mur de la maison était brisée. En s'approchant, il aperçoit la baguette cassée en deux. « Tiens, tiens, se dit-il. Cela a dû tomber de la fenêtre de Pierrot. Je vais rapporter cet objet à sa maman ! »

Miranda est contente de retrouver sa baguette, mais triste de découvrir dans quel état elle est. Elle la recolle de son mieux et l'essaie pour vérifier si elle est toujours magique. Elle donne un petit coup sur un verre rempli d'eau et le transforme en bol de mousse au chocolat. Sa baguette n'est peut-être plus aussi belle qu'avant, mais elle n'a pas perdu son pouvoir. Pierrot regarde sa sœur d'un air mauvais.

La nuit, Miranda va dans la chambre de son frère pendant qu'il dort. Elle entre doucement, pose la baguette sur l'épaule de Pierrot et dit :

– Frère qui dort, frère jaloux, je veux que lorsque tu te réveilles, tu sois transformé en…

Elle hésite. En quoi va-t-elle le transformer ? Elle soulève sa baguette :

– Je vais te transformer en un joli ours en peluche ! Non, les ours en peluche m'ennuient. En petit chat ! Non, maman serait triste que son fils devienne un chat. Bon, je vais le laisser comme il est ! Frère jaloux, quand tu te réveilleras, tu seras le plus aimable, le plus gentil de tous les frères de la terre et tu ne penseras qu'à faire plaisir autour de toi.

Depuis, chaque matin, le frère de Miranda va lui cueillir des fleurs, il lui apporte son petit déjeuner au lit, lui cire ses chaussures et ouvre la porte lorsqu'elle sort. À table, il déplie sa serviette pour elle et souffle sur sa soupe quand elle est trop chaude pour que Miranda ne se brûle pas la langue.

« Oh ! là, là ! se dit Miranda, je me demande si je ne le préférais pas avant ! Il en fait trop maintenant ! Je voudrais seulement qu'il ne soit plus jaloux. Ce soir, je vais retourner dans sa chambre… »

Le géant rouge

Dolorès Mora

Illustrations de Jean-Pierre Corderoc'h

Un jour dans la forêt, les maisons-champignons où habitaient des lutins se mirent à trembler.

Le ciel s'obscurcit, les arbres frémirent et les oiseaux s'envolèrent. Pris de peur, les lutins fermèrent les portes à double tour et tirèrent les volets.

C'était un géant qui cherchait des champignons. Il était affreux, barbu, avec les poils du nez droits et drus et les cheveux hirsutes.

Sur son chemin, le géant aperçut les champignons des lutins. Il commença sa cueillette et les arracha tous, sauf un, qui était vénéneux. La musette pleine, il rebroussa chemin.

Paul, le petit lutin, habitait le champignon dont le géant n'avait pas voulu. Il se hasarda à entrouvrir ses volets et regarda par la fenêtre. Quel désastre ! Il n'y avait plus une seule maison-champignon ! Il aperçut le géant qui s'éloignait.

– Vite ! Il faut que je sache où il va ! dit le lutin en dévalant l'escalier jusqu'au rez-de-chaussée.

Il monta sur son vélo et suivit le géant. Au détour d'une montagne, le géant enfourcha un triporteur et disparut au loin.

Paul décida d'aller au secours des lutins enfermés dans les maisons-champignons cueillies par le géant. Mais comment le retrouver ?

L'idée lui vint d'aller consulter le mage, de l'autre côté de la forêt.

Arrivé à la péniche du mage qui était ancrée le long du fleuve, Paul frappa à la porte.

– Entrez ! dit une voix fluette.

Le mage était maigre et avait de longs cheveux bleutés.

– Que désires-tu ? demanda-t-il.

– Monsieur le mage, les gens de mon village ont été enlevés par un géant, expliqua Paul. Aidez-moi à les retrouver, je vous en prie.

L'homme aux cheveux bleus consulta sa boule de cristal. Il mit les mains au-dessus et parla charabia. Au bout de quelques instants, des nuages apparurent, puis un château au sommet d'une montagne.

– Ils sont dans ce château ! dit le mage.

Paul le remercia et s'en fut chez son amie la vache volante.

Il entra dans l'étable où la vache, le sabot levé, jouait du piano en chantant : « Poum poum poum poum poum poum, meu-eu-euh ! »

– Holà, Paul ! s'exclama-t-elle en l'apercevant. Quel bon vent t'amène ?

Le lutin lui raconta les ravages causés par le géant dans son village. La vache accepta de l'aider. Elle balaya l'air avec sa queue pour chasser les mouches, déplia ses ailes et les agita.

– Monte sur mon dos ! dit-elle.

Paul se cramponna à son cou.

– En avant ! dit la vache en s'envolant.

Après un long voyage, ils trouvèrent le château du géant, dressé sur une montagne pointue au milieu des nuages. Des soldats armés jusqu'aux dents faisaient le guet sur les remparts.

La vache volante se posa sur le bord du fossé. Paul mit pied à terre.

– Je voudrais voir le géant ! cria-t-il aux gardes.

Deux gardes manœuvrèrent une immense roue, et le pont-levis se baissa dans un terrible crissement de chaînes.

Pendant ce temps, dans les cuisines du château, le géant venait de donner ses champignons aux cuisiniers. Surprise ! Il y avait des lutins dedans ! Le géant les attrapa du bout de ses énormes doigts et les examina :

– Tiens, voilà de belles pièces pour jouer aux échecs ! dit-il en les posant sur son échiquier. Toi tu seras le roi, toi la reine, toi le fou, toi le cavalier, toi la tour et vous autres les pions.

Mais le compte n'y était pas. Il en manquait un.

– Que vais-je faire de vous ? dit-il en s'arrachant les poils du nez. Sûrement pas vous manger. Vous êtes trop petits.

Réflexion faite, il décida de mettre les lutins dans une cage.

– Allez, sifflez ! ordonna-t-il, et ils se mirent à chanter comme des canaris.

À ce moment-là, un garde introduisit Paul auprès du géant. « Hé ! Hé ! Voilà le pion qui manque à mon jeu d'échecs ! » pensa ce dernier.

Il le fit monter sur son doigt, le porta jusqu'à la cage pour le mettre avec les autres lutins, mais Paul le mordit de toutes ses forces. Le géant secoua sa main. Le lutin tomba par terre et en profita pour s'enfuir.

Il courut vers la vache qui l'attendait au bord du fossé et sauta sur son dos :

– Partons ! Vite !

La vache n'eut que le temps de prendre son envol. Déjà, le géant arrivait en criant aux gardes :

– Attrapez-les !

Paul et la vache allèrent voir le mage qui prépara une mixture à l'ortie.

– Tiens, tu m'en diras des nouvelles ! dit-il.

Le lutin mit le flacon dans sa poche, s'agrippa au cou de la vache et ils retournèrent au château.

Une fois arrivé, Paul mit ses mains en porte-voix et cria :

– Ohé, gardes ! Venez voir qui est là !

Les gardes, curieux, se penchèrent. Paul les aspergea de mixture à l'ortie. Aussitôt, ils se roulèrent par terre en hurlant et en se grattant comme des singes.

Dans la cour, la vache se posta devant la cage. Paul ouvrit la porte et il aida les lutins à s'asseoir à côté de lui. Puis Paul appela le géant qui sortit aussitôt. Il l'aspergea avec le reste de mixture à l'ortie.

Immédiatement, le géant se gratta, s'arracha les vêtements. Fou de colère, il faisait de grands gestes avec les bras, pour tenter d'attraper la vache et les lutins. Mais ils s'envolèrent tous ensemble en riant.

Le géant s'était tellement gratté qu'il était devenu tout rouge. Il le resta et on le surnomma le géant rouge. Après cette mésaventure, il jura de ne plus jamais cueillir de champignons.

Le mage fit repousser des maisons-champignons. Paul et les lutins s'y installèrent et y vécurent tranquillement.

Une baguette pour Cornaline

Marie-Odile Judes
Illustrations de Maryse Lamigeon

Pour son anniversaire, Cornaline la petite fée a reçu une belle baguette magique.

C'est sa première baguette magique et c'est sa marraine, la grande fée Pascaline, qui la lui a offerte.

– Veux-tu que je te montre la manière dont on s'en sert ? demande la fée Pascaline à sa filleule.

Mais Cornaline répond en secouant la tête :

– Pas question ! Je saurai le faire toute seule !

La petite fée court s'enfermer dans sa chambre avec sa baguette.

– Ce n'est pas compliqué de se servir d'une baguette magique ! J'ai vu ma marraine le faire plein de fois ! s'écrie-t-elle.

Cornaline se plante devant la glace et murmure :

– Pour commencer, je vais demander à ma baguette de me donner de

beaux cheveux ! Les miens sont trop raides et trop blonds !

Cornaline se donne un petit coup sur la tête avec la baguette et dit :

– Je veux de beaux cheveux roux et bouclés ! Abraca-abrico, et voilà !

Et voilà la petite fée avec d'horribles cheveux bleus !

– Zut et crotte ! s'écrie Cornaline.

Mais il en faut plus pour la décourager car au bout de quelques secondes, elle ajoute :

– Maintenant, je vais demander à ma baguette de me grandir un peu !

Cornaline se donne un autre coup sur la tête avec la baguette et dit :

– Je veux mesurer un mètre cinquante! Abraca-abragrande, et voilà !

Et voilà la petite fée plus ronde qu'une boule de neige !

– Zut, flûte et crotte ! s'écrie Cornaline très énervée.

Elle ouvre son coffre à jouets en marmonnant :

– Je vais tester ma baguette sur mon ours en peluche !

Elle prend son ours, lui donne un petit coup sur la tête avec la baguette et dit :

– Je veux un ours rose à pois verts ! Abraca-abrabariolé, et voilà !

Et voilà l'ours en peluche plus noir que du charbon, plus gros qu'un camion et plus méchant qu'un lion !

C'en est trop pour la petite fée ! Elle sort de sa chambre en hurlant et

se jette dans les bras de sa marraine.

La fée Pascaline examine la situation et en trois coups de baguette magique, renvoie l'ours dans le coffre à jouets, dégonfle Cornaline et redonne leur couleur à ses cheveux. Alors la petite fée s'écrie :

– Dis donc, marraine, si tu me montrais la manière dont on se sert d'une baguette magique !

La sorcière et le bonhomme de neige

Marie-Odile Judes
Illustrations de Frankie Merlier

Ce matin-là, quand la sorcière P'tite Mémère ouvrit ses volets, elle s'écria :

– Saperlotte de saperlotte, mon jardin !

Il avait neigé pendant la nuit et le jardin de P'tite Mémère ressemblait à un grand mouchoir blanc. La sorcière dit :

– Je ne vais pas pouvoir jardiner, aujourd'hui ! Qu'est-ce que je vais faire pour ne pas m'ennuyer ?

Elle gratta la grosse verrue qu'elle avait sur le nez et s'exclama :

– Je vais faire un bonhomme de neige !

P'tite Mémère s'habilla chaudement, courut dans son jardin et se mit à l'ouvrage. Quand elle eut terminé, elle recula de quelques pas pour examiner son travail. La sorcière trouva le bonhomme de neige très réussi et se frotta les mains de contentement.

Mais brusquement, le bonhomme de neige se mit à éternuer :

– Aaaaaaatchoum !

P'tite Mémère fronça les sourcils, s'approcha du bonhomme de neige et lui demanda :

– Ça ne va pas ?

– Non, j'ai froid ! répondit-il en grelottant.

La sorcière était stupéfaite. Elle gratta la grosse verrue qu'elle avait au menton et s'écria :

– C'est impossible, les bonshommes de neige n'ont jamais froid !

– Eh bien moi, je ne suis pas un bonhomme de neige comme les autres : j'ai très froid ! grogna-t-il. Et il éternua encore une fois.

– Je vais te chercher des vêtements ! dit la sorcière.

Elle disparut dans sa maison et revint avec un blouson, un bonnet et une écharpe. Elle habilla le bonhomme de neige et lui demanda :

– Ça va mieux ?

– Non ! répondit-il d'un air grognon.

P'tite Mémère était très embêtée.

Elle retourna dans sa maison et revint avec un édredon.

– Et maintenant, ça va mieux ? demanda-t-elle.

– Non ! dit le bonhomme de neige de plus en plus bougon.

P'tite Mémère commençait à en avoir assez.

– Je ne vais quand même pas t'emmener dans ma maison ! dit-elle.

– Oh si, emmène-moi dans ta maison ! s'écria le bonhomme de neige, les yeux brillants.

– Taratata ! dit la sorcière. Il y fait si chaud que tu fondrais !

Le bonhomme de neige poussa un soupir à fendre l'âme et dit :

– Tant pis ! Je mourrai de froid !

Et une grosse larme blanche roula sur sa joue.

P'tite Mémère avait horreur de voir pleurer les gens. Elle gratta la grosse verrue qu'elle avait sur le sourcil droit et s'écria :

– J'ai une idée !

Elle disparut pour la troisième fois dans sa maison. On l'entendit ouvrir des placards, claquer des tiroirs, remuer des casseroles et chanter.

Puis elle revint dans le jardin avec une soupière fumante.

– Bois, ça va te réchauffer ! dit-elle au bonhomme de neige.

Il but le contenu de la soupière. Puis il s'exclama :

– C'est incroyable, je n'ai plus froid du tout ! Comment te remercier ?

– Ce n'est pas compliqué ! dit la sorcière en grattant la grosse verrue qu'elle avait sur l'oreille gauche. Je ne peux pas jardiner. Tu n'as qu'à danser pour m'amuser !

Le bonhomme de neige s'essuya le menton, repoussa l'édredon et se mit à danser le rigodon. Il s'arrêta, essoufflé, et demanda à P'tite Mémère :

– Au fait, que m'as-tu fait boire ?

La sorcière prit un air malicieux et répondit :

« Je t'ai fait boire
la queue d'un tamanoir,
les oreilles d'un loir,
un morceau de miroir,
un bout de crayon noir
dilués dans du jus de poire ! »

Le bonhomme de neige ne sut jamais si P'tite Mémère disait la vérité. Mais ça lui était égal car maintenant il avait bien chaud. Et pour distraire la sorcière, il dansait chaque soir le cotipoltoire, une danse qu'il avait inventée !

Filovent, championne du monde

Béatrice Solleau

Illustrations de Charlotte Roederer

Au pays des sorcières, le ciel était très encombré. Des files entières de balais traversaient les nuages avec leurs passagères et les oiseaux eux-mêmes avaient du mal à circuler.

Et puis il y avait Filovent.

– Poussez-vous, les Carabosse ou sinon, gare aux bosses !

Et zou ! elle doublait tous les balais en les éraflant au passage, ou renversait les sorcières qui se rattrapaient de justesse aux nuages.

Depuis qu'elle avait gagné une course au championnat de balaimobile, on ne pouvait plus l'arrêter. Elle faisait comme si le ciel lui appartenait !

Les sorcières, qui en avaient assez, se réunirent un soir sur le parking à balais pour réfléchir à la situation et bientôt, elles trouvèrent une solution.

À cheval sur leurs balais, elles partirent un beau matin en direction des montagnes. Les voyant s'éloigner, Filovent les rattrapa, en criant comme à l'accoutumée :

– Place, Nez Crochus ! Laissez-moi passer !

Les sorcières s'écartèrent et Filovent arriva droit sur un pic enneigé. Elle freina pour ne pas l'emboutir et se retrouva face à un aigle royal. Il la regarda d'un œil noir. Les sorcières lui avaient raconté toute l'histoire.

– Enchanté. Bon, tut ! tut ! je dois passer, lui dit Filovent.

– Sais-tu que ce morceau de ciel m'appartient ? Pour le traverser, il faut me battre à la course, répondit l'aigle royal.

– Facile, je suis championne du monde ! s'écria la sorcière.

– Allons jusqu'à ce nuage ! Si tu arrives la première, tu pourras voler dans mon territoire, dit l'aigle royal.

Filovent démarra comme une flèche. Mais d'un coup d'aile, l'aigle royal arriva à sa hauteur. Un autre coup d'aile, il partit à cent à l'heure et la doubla.

– Plus vite ! dit Filovent.

Son balai accéléra. Mais à l'arrière, le vent soufflait dans ses brindilles. L'une d'elles se cassa, puis une autre et enfin des poignées tout entières. Quand il ne resta plus que le manche, Filovent piqua droit sur la terre.

– Au secours ! cria-t-elle.

Au moment où elle allait tomber, l'aigle royal la prit sur son dos. C'est une Filovent tremblante qu'il ramena au pays des sorcières. Elle avait eu si peur que pendant toute une année elle ne se déplaça qu'en balaibus.

Voyant qu'elle avait changé, les sorcières lui offrirent un nouveau balai pour son anniversaire. En l'enfourchant, Filovent dit avec malice :

– Je suis la championne du monde…

Les sorcières se regardèrent avec inquiétude.

– … des bonnes conductrices ! ajouta Filovent.

Et elle s'envola prudemment.

Le géant Désolé

Marie-Sabine Roger

Illustrations de Charlotte Roederer

Qu'il était malheureux, le géant Désolé ! Il était si grand que lorsqu'il faisait gris, sa tête touchait les nuages. Et ces jours-là, atchaa ! il s'enrhumait. Si grand que par beau temps, le soleil lui brûlait le front, le nez et les oreilles. Et ces jours-là, houlà ! il avait mal à la tête. Si grand que la nuit, les étoiles s'accrochaient dans ses cheveux touffus, avec leurs cinq branches piquantes. Et alors, gratte, gratte et grattera ! ça le démangeait si fort que Désolé, énervé, tapait du pied. Et bradabammm, du mont Bleu dévalait une énorme avalanche…

Mais surtout, Désolé était très malheureux parce qu'il se croyait seul au monde, et il se désespérait à l'idée de ne pas avoir d'amis. Alors il éclatait en sanglots, et ruisselait de larmes si grosses qu'elles causaient, en bas, de terribles inondations. Ou bien il se mettait à crier :

– J'en ai assez d'être tout seul ! Je m'ennuie !

Et sa voix tonitruante déclenchait des orages de grêle !

Des gens vivaient au pied du mont Bleu. Ils ne pouvaient plus supporter le géant, ses colères qui faisaient tomber des morceaux de montagne, et ses chagrins qui noyaient les prés et les champs. Même quand il éternuait, c'était un vrai désastre : un vent de cyclone faisait voler tuiles et cheminées, renversait arbres et pylônes ! Alors on décida qu'il fallait lui dire de partir. Mais qui le ferait ? Tout le monde avait peur d'un géant aussi gigantesque !

Comme personne n'était volontaire, on tira au sort… et le sort tomba sur Violette Bredu.

Violette Bredu était une charmante vieille dame un peu sourde, un peu myope, un peu ratatinée. Elle fut très étonnée d'apprendre qu'elle devait chasser Désolé. On lui donna un piolet, un sac à dos, des chaussures de marche, et elle partit à petits pas à l'assaut du mont Bleu.

Ce jour-là, justement, Désolé était assis sur sa montagne, comme sur un tabouret. Il s'ennuyait. Soudain, il se mit à bâiller de toutes ses forces. Cela fit un courant d'air énorme, qui aspira la grand-mère. Heureusement, Désolé mit sa main devant sa bouche, car il était poli. Violette s'accrocha, au vol, à l'index du géant, et pour ne pas glisser, elle y planta son piolet.

– Aïe ! cria Désolé.

Approchant son index de ses yeux noirs, il vit la minuscule grand-mère, qui cria de toutes ses forces :

– Je viens vous dire de partir ! Les gens de la vallée en ont assez de vos avalanches et de vos ouragans !

– Il y a des gens, en bas ? Des gens microscopiques, comme vous ?

– Nous ne sommes pas microscopiques ! C'est vous qui êtes un géant ! protesta Violette.

Mais le géant ne l'écoutait pas. Il répétait d'un air ravi :

– Des gens ! Il y a des gens en bas ! Je ne suis donc pas tout seul au monde ! Je peux me faire des amis ! Ne plus m'ennuyer !

– C'est que… vous êtes beaucoup trop grand pour nous ! Vous voyez bien, répondit doucement la vieille dame.

Désolé contempla la toute petite madame Bredu, assise à califourchon sur son doigt. Puis il soupira tristement :

– Et parce que je suis trop grand, je dois rester tout seul ?

– Si je vous aide, vous garderez le secret ? demanda Violette.

– Juré ! cria Désolé, si fort qu'un bout de montagne s'écroula.

– Voilà, je suis un peu sorcière. J'invente des remèdes magiques. Mais je ne sais pas s'ils marchent. Par exemple, ces pastilles de Rapetisson, je ne suis pas sûre que…

Mais gloups ! Désolé avait déjà gobé le tube que lui tendait Violette ! Ils attendirent. Si longtemps que Violette s'endormit. À son réveil, un sympathique petit bonhomme se tenait près d'elle. Un petit bonhomme qui ressemblait trait pour trait à Désolé !

– Ça a marché ! dit-il en souriant.

Violette se boucha les oreilles.

Tout avait changé, chez Désolé… sauf sa voix ! Alors il promit de se taire, pour ne plus causer de catastrophes !

Depuis ce temps-là, plus personne n'a entendu parler du géant Désolé. Quand on demande à Violette Bredu comment elle s'en est débarrassée, elle a un sourire mystérieux. Puis elle fait un petit clin d'œil à son neveu. Son étrange petit bonhomme de neveu, qui ne dit jamais rien, mais qui est si gentil qu'il a des amis dans toute la vallée !

La fée des sables

Béatrice Rouer
Illustrations de Maryse Lamigeon

Le papa et la maman de Mirella étaient partis quelques jours en voyage et pendant ce temps-là, c'était sa bonne-maman qui était venue s'occuper d'elle.

Bien entendu, le jour où elle est arrivée, Mirella était très énervée. Et le soir, impossible de se coucher ! Ça n'arrêtait pas : « Bonne-maman, une histoire ! », « Bonne-maman, à boire ! », « Bonne-maman, j'ai envie de faire pipi ! » Enfin, Mirella a fini par se calmer, et elle commençait même à fermer les yeux quand, tout doucement, la porte s'est entrouverte… Une drôle de dame est entrée !

Tout au fond de son lit, les couvertures rabattues jusque sur le nez, Mirella n'osait pas bouger. La dame avait un grand peignoir bleu jusqu'aux pieds et sur la tête, un foulard brillant qui lui cachait le visage. On ne voyait plus que ses yeux... Elle s'est approchée du lit et elle a dit tout bas en mettant un doigt sur sa bouche :

« Cérémoni, cérémona,
je suis la fée des sables,
dors bien, petite Mirella,
ferme les yeux, me voilà.
Je t'apporte le sable magique
le sable qui fait bien dormir. »

La fée a jeté un peu de sable, Mirella a fermé les yeux, et pouf ! elle s'est endormie magiquement...

Le lendemain matin au réveil, la petite fille ne se rappelait plus très bien ce qui s'était passé. Mais en se levant, elle a découvert tout au bout de son lit un petit papier argent. Dedans, il y avait trois bons bonbons. Mirella a couru voir sa bonne-maman :

– Regarde, regarde, bonne-maman, une fée est venue et elle m'a apporté des bonbons.

– Hé, hé ! a répondu bonne-maman en souriant. Je connais cette fée-là. Elle vient quelquefois quand les petits enfants ont vraiment beaucoup de mal à s'endormir.

– Tu crois qu'elle reviendra ?

– Oh oui, sûrement ! D'ailleurs cette fée-là m'a dit : « Bonne-maman de Mirella, je reviendrai tant que tu habiteras ici. »

Et vrai de vrai, tout s'est passé exactement comme bonne-maman l'avait dit. Tous les soirs, la petite fille se couchait sagement en attendant la fée des sables. Car elle savait que les fées ne passent pas si les enfants font les fous. Et tous les soirs, la fée des sables est revenue. Elle jetait quelques grains de son sable magique, sans oublier trois bonbons qu'elle laissait sur le couvre-lit.

Mais un jour, bonne-maman est retournée chez elle. Et la fée des sables est repartie en même temps. Exactement comme bonne-maman l'avait dit ! Vraiment, c'est curieux comme elle en sait des choses, cette bonne-maman-là.

Cérémoni, cérémona, est-ce qu'elle ne serait pas un peu fée, par hasard ?

Le temps des géants

Bénédicte Rauch
Illustrations de Frankie Merlier

Depuis le jour où l'on avait célébré le mariage du géant Brouillard avec la charmante géante Bruinette, le temps s'était considérablement gâté pour les habitants de Minusville.

Quand ce n'était pas Bruinette qui arrosait les maisons des milliers de gouttelettes de son arrosoir de géante, c'était son époux Brouillard qui plongeait toute la ville dans le nuage de sa barbe de géant.

– V'là la bruine et v'là le brouillard, disaient les gens. Quel temps bizarre !

À la naissance du premier enfant de Brouillard et de Bruinette, les choses ne s'arrangèrent pas pour les habitants de Minusville. Ventard était un petit géant aux joues roses et rondes qui passait son temps à crier en soufflant de toutes ses forces. Ses parents lui donnèrent pour jouets les toits de la ville avec leurs girouettes. Mais quand Ventard avait faim ou soif, quand il était fatigué ou en colère, il criait et soufflait tant et tant que Minusville connaissait la tempête et même l'ouragan…

– V'là le vent, disaient les gens. Quel mauvais temps !

Pour lui donner un compagnon de jeu, Brouillard et Bruinette décidèrent d'avoir un autre enfant. Leur désir fut doublement exaucé car la géante mit au monde des jumeaux. Avec eux, les habitants de Minusville connurent de nouveaux maux. En effet, les deux nouveaux, qu'on avait baptisés Pluviard et Grêlard, passaient leur temps à se chamailler. Quand Grêlard taquinait Pluviard, celui-ci pleurait et inondait la ville. Quand Pluviard agaçait son frère, Grêlard rentrait dans une colère froide et ses larmes se changeaient en grêlons.

– V'là la pluie et la grêle, disaient les gens. Quel sale temps !

Malgré les soucis que leur donnaient Ventard, Pluviard et Grêlard, Brouillard et Bruinette conçurent un quatrième enfant, car ils s'aimaient vraiment énormément. C'est ainsi que naquit Neigeard, un petit farceur qui déchirait et mettait en pièces sans ménagement ses oreillers de nuages blancs. Pour Minusville, l'arrivée de Neigeard coïncida avec celle de l'hiver, et il couvrit de flocons blancs les maisons et tous leurs habitants.

– V'là la neige, maintenant,

disaient les gens. Quel drôle de temps, vraiment !

– Ça ne peut plus durer, décrétèrent certains habitants. Cette famille de géants finira par chasser le beau temps !

Et ils firent des projets de déménagement.

Mais au même moment, Bruinette devint à nouveau maman. Cette fois-ci, elle donna naissance à une petite fille aux cheveux blonds comme les blés et aux yeux plus dorés que les rayons du soleil d'été. On l'appela Soleillette.

Dès lors, le temps changea pour les habitants de Minusville. Par sa bonne humeur, Soleillette calmait les colères de Ventard. Par sa gentillesse, elle séchait les larmes de Pluviard et de Grêlard. Et elle persuadait Neigeard de ne plus déchirer ses oreillers de nuages.

Brouillard et Bruinette étaient si émerveillés qu'ils souriaient tout le temps.

– V'là le soleil, quelle merveille, disaient les gens tout contents. Quel beau temps, assurément !

Le géant de balivernes

Mélanie Erhardy
Illustrations de Frankie Merlier

Il était une fois un géant qui vivait dans une forêt. Cette forêt était si grande que personne n'osait s'y aventurer. C'est pourquoi le géant croyait qu'il était seul au monde. Cette idée lui convenait d'ailleurs. Car il n'était pas curieux. C'était un géant tranquille.

Chaque matin, à son réveil, il se disait : « Quel bonheur d'être seul au monde ! » Puis il se dressait sur la pointe des pieds pour regarder au-dessus des arbres et appeler le soleil à l'horizon. Dès que le soleil faisait son apparition, le géant tapait dans ses mains pour réveiller les oiseaux. Alors, tous les oiseaux de la forêt se mettaient à chanter en même temps. Le géant croyait qu'ils chantaient pour lui. Et, chaque matin, il en était ému.

Un jour, cependant, un bruit inhabituel vint troubler le concert matinal. C'était un bruit de moteur. Un hélicoptère frôlait la cime des arbres. « Qu'est-ce que c'est que ce bourdon gênant ? se demanda le géant. Je vais le faire taire ! » Il allongea le bras, attrapa l'hélicoptère et le colla à terre.

Aussitôt la cabine s'ouvrit. Il en sortit un bonhomme muni d'une loupe et d'un appareil photo. C'était un explorateur, un explorateur intrépide ! Il était parti tout seul à la découverte de la forêt inconnue. Prestement, il se mit à étudier l'étrange phénomène qui le maintenait au sol.

– Végétal ou animal ? demanda-t-il.

– Ni l'un, ni l'autre ! grogna le géant.

– Qui a parlé ? demanda l'explorateur en cherchant autour de lui.

– Moi ! répondit le géant. Mais toi, curieux bipède, qui es-tu ?

– Je suis le grand explorateur ! Je suis le premier à explorer la forêt inconnue. Bientôt, je serai connu dans le monde entier ! Vous allez voir !

– Balivernes ! dit le géant. En dehors de moi, il n'existe personne au monde.

– Mais si ! objecta l'explorateur. Moi, par exemple ! Et par ailleurs, il y a beaucoup d'autres gens dans le monde. Je peux vous les montrer. Vous n'avez qu'à venir avec moi.

Mais le géant était paresseux. Il n'avait pas envie de se déplacer. Ainsi, l'explorateur repartit seul dans son hélicoptère.

– J'ai rencontré un géant ! raconta-t-il, dès son retour.

– Balivernes ! disaient les gens.

– Mais si ! Mais si ! insistait l'explorateur.

Et pour le prouver, il montra ses photos. Malheureusement, ces photos ne prouvaient rien. Sur quelques-unes, on voyait bien le pied ou la main du géant. Mais ils ressemblaient plutôt à des troncs d'arbres. Sur d'autres, prises de loin, on pouvait voir le géant en entier. Mais là, il paraissait aussi petit que n'importe quel bonhomme.

– Tu racontes des histoires ! disaient les gens.

Mais l'explorateur tenait bon. Il se mit à écrire un gros livre dans lequel il expliquait en détail tout ce qu'il savait du géant.

Ce livre connut un grand succès. Et son auteur devint connu dans le monde entier. Non pas comme explorateur. Mais comme conteur d'histoires fantastiques. Quel drôle de destin !

Quant au géant, il se trouvait toujours dans la forêt. Personne ne venait plus le déranger. « J'avais bien raison ! se disait-il. Je suis seul au monde. Quel bonheur ! »

Et, comme chaque matin, il se mettait sur la pointe des pieds et appelait le soleil. Puis il tapait dans ses mains pour réveiller les oiseaux.

À l'école des sorcières

Marie Page
Illustrations de Marie-Anne Didierjean

Tous les jours, Mimi va à l'école des sorcières où elle apprend des formules magiques très compliquées.

Pour être sorcière, on doit avoir une bonne mémoire et retenir toutes les formules. Par exemple, si l'on veut transformer un vélo en patins à roulettes, il faut trois verres de bave de chameau, deux poils de hérisson, de la poussière d'étoile et une petite cuillère à café de bouse de vache. On remue le tout en disant : « Musti mousta moukaki moukaka ». Ensuite, on met cette mixture sur le vélo et l'on répète trois fois : « Kabali kabalo kouf kouf ! » Instantanément, le vélo se change en patins à roulettes.

Mais Mimi n'a pas une bonne mémoire et en plus, elle est très étourdie si bien qu'elle mélange toutes les formules magiques. Au lieu de transformer le vélo en patins à roulettes, elle l'a transformé en laisse pour chien !

Aussi, presque chaque jour, sa maîtresse lui donne des leçons à copier et la garde en retenue.

Un matin, pendant que les autres petites sorcières s'amusent dans la cour de récréation, Mimi reste en classe. Elle recopie la formule pour empêcher une auto de démarrer.

Mimi n'a vraiment pas la tête à écrire. Comme la maîtresse s'est absentée pour téléphoner, Mimi s'installe à la fenêtre. Elle regarde ses copines qui jouent dans la cour. Mais en plus d'être très étourdie, Mimi est un peu maladroite : elle fait tomber le beau vase de fleurs que la maîtresse avait posé sur le rebord.

Oh ! là, là ! Qu'est-ce que la maîtresse va dire ? Elle sera vraiment très fâchée.

Il faut que Mimi se souvienne de la formule magique pour réparer les vases brisés. Il y en a une, elle en est certaine. C'est l'une des premières qu'elle a apprises. Comment est-ce, déjà ? Il faut dire

deux fois quelque chose, trois fois autre chose en se frottant très fort les mains.

Ah oui ! ça lui revient ! Mimi se dépêche, elle entend déjà les pas de la maîtresse dans le couloir. Elle dit deux fois : « Machtu machtou machtu machtou » et trois fois : « Coulira calouri lacoura roulaci ». Oh non ! Mimi s'est de nouveau trompée de formule.

Soudain, la porte s'ouvre en grand. Mimi, inquiète, observe le visage de la maîtresse. Celle-ci roule des yeux épouvantés. Puis elle porte la main à sa bouche en criant.

Au milieu de la classe, un immense baobab est en train de pousser ! Il grandit vite, vite. Il est déjà sur le point de défoncer le plafond avec ses branches. La maîtresse saisit la main de Mimi et l'entraîne dehors. Elles courent à toute allure. Le baobab n'arrête pas de s'élever. Bientôt, il devient si énorme qu'il prend toute la place de l'école.

Dans la cour, la maîtresse interroge Mimi :

– Te souviens-tu de la formule que tu as dite ?

Mais Mimi est encore trop effrayée par ce qui s'est produit. Elle ne se rappelle plus.

– Et vous, demande-t-elle à la maîtresse, vous ne la connaissez pas ?

La maîtresse connaît des centaines de formules, mais pas celle qui transforme une école en baobab.

– Lorsque tu t'en souviendras, tu diras la formule à l'envers et le baobab disparaîtra.

Mimi est assise sur le banc en face de l'école, toute seule. Elle réfléchit très fort. Peu à peu, les mots lui reviennent. Quand elle est bien certaine de la formule, elle se lève et prononce trois fois : « Cilarou racoula rilouca ralicou » puis : « Touchma tuchma touchma tuchma ». Tout à coup, le baobab se met à trembler. Il rétrécit, rétrécit de plus en plus ! Un grand sourire illumine le visage de Mimi. Le baobab a disparu et l'école est comme avant.

La maîtresse, qui a tout vu depuis la cour de récréation où elle surveillait les autres petites sorcières, accourt et félicite Mimi :

– Bravo ! Si à ton âge tu parviens à transformer une école en baobab et un baobab en école, cela signifie que tu deviendras une grande sorcière, un jour !

Un, deux, trois, j'adore le nougat

Marie-Odile Judes
Illustrations de Charlotte Roederer

Crapoussin était un petit bonhomme d'une laideur épouvantable : il avait une tête en pain de sucre, un nez rouge et grumeleux comme une framboise et des oreilles aussi larges que celles d'un éléphant d'Afrique. Son corps était minuscule et ses jambes courtes et arquées.

Évidemment, tout le monde se moquait de lui.

– Eh, Crapoussin, il fait très chaud aujourd'hui ! Tu ne veux pas m'éventer avec tes oreilles ? disaient les uns.

– Ton nez me fait penser à un fruit mûr. Miam ! j'ai bien envie de le croquer ! ricanaient les autres. Crapoussin en avait tellement assez qu'on se moque de lui qu'il décida de partir. Il fit son baluchon et prit le chemin de la forêt.

Au bout d'un moment, il s'assit au bord d'un fossé car il avait mal aux pieds.

– Bonjour ! fit une voix à côté de lui.

Crapoussin tourna la tête et découvrit une bonne femme toute vêtue de rouge.

– Qui êtes-vous ? demanda Crapoussin un peu inquiet.

La bonne femme salua Crapoussin et se mit à chanter :

« Un, deux, trois,
J'adore le nougat,
Quatre, cinq, six,
J'raffole du réglisse,
Sept, huit, neuf,
Mais je n'aime pas l'œuf,
Dix, onze, douze,
J'suis la sorcière Toute-Rouge ! »

Crapoussin soupira et dit :

– Enchanté ! Moi, je suis Crapoussin !

La sorcière Toute-Rouge s'assit à côté de Crapoussin et s'écria :

– Oh, oh ! Ça n'a pas l'air d'aller !

– Si vous étiez aussi laide que moi, vous ne trouveriez pas la vie belle ! grommela Crapoussin en haussant les épaules.

– Évidemment, évidemment… fit la sorcière en se grattant le menton.

Elle sortit un paquet de bonbons de sa manche et le tendit à Crapoussin en disant :

– Tenez, mangez ces bonbons !

Crapoussin adorait les bonbons et mangea tout le paquet !

Quand il eut fini, la sorcière s'écria :

– Vous ne regretterez pas de m'avoir rencontrée, non, vous ne le regretterez pas !

Crapoussin aurait bien aimé demander à la sorcière pourquoi elle disait cela mais il bascula dans le fossé, boum ! et s'endormit d'un seul coup.

Quand il se réveilla, la sorcière Toute-Rouge avait disparu.

Crapoussin se leva et s'aperçut qu'il avait grandi. Il regarda ses jambes : elles étaient longues, droites et en réglisse ! Ses bras également. Il regarda son corps : il était en caramel !

De plus en plus intrigué, Crapoussin sortit un petit miroir de son baluchon et regarda son visage : ses yeux étaient deux jolies pralines, son nez, un petit berlingot et ses cheveux, du nougat ! La sorcière l'avait transformé en bonbon !

Crapoussin se trouvait si mignon et si appétissant qu'il se mit à rire et à danser. Il ramassa son baluchon, toujours riant, et reprit son chemin.

Il alla en Chine et au Japon, à Tombouctou et à Mexico, à Liverpool et à Moscou et se fit partout des amis.

Un jour, à Paris, il vit une merveilleuse sucette dans la vitrine d'un confiseur.

Il entra dans la boutique et la demanda en mariage. Deux berlingots furent leurs témoins et quatre dragées roses, les demoiselles d'honneur !

Clotilde la petite sorcière

Dolorès Mora
Illustrations de Marie-Anne Didierjean

Une sorcière et sa fille habitaient au bout du village, à l'écart des autres maisons.

Un jour, Clotilde la petite sorcière et son hérisson apprivoisé cherchaient des champignons dans la forêt. La petite bête furetait de-ci de-là, découvrait les champignons sous les feuilles, qu'elle poussait avec son museau, et sa maîtresse les ramassait. Le panier fut vite plein.

Au retour, Clotilde rencontra les enfants du village. Ils étaient en train de jouer à saute-mouton dans la clairière. Dès qu'ils l'aperçurent, ils crièrent :

– Hou ! la sorcière ! Hou ! la sorcière !

Ils lui arrachèrent son panier et écrasèrent tous ses champignons.

Le petit hérisson, pris de peur, alla se cacher dans un buisson. Seul son museau dépassait d'entre les feuilles.

Les enfants encerclèrent Clotilde

et lui jetèrent des cailloux. La petite fille se cacha la figure entre les mains et se mit à pleurer.

Leur méfait accompli, les enfants partirent en courant.

Vite, le hérisson sortit de sa cachette et vint se blottir contre sa maîtresse, qui constata le désastre : tous ses champignons avaient été écrasés !

La petite fille rentra chez elle en sanglotant. Sa mère, la grande sorcière, s'écria :

– Nom d'une chouette empaillée, que t'est-il arrivé ?

Et la petite lui raconta sa mésaventure avec les enfants du village.

– Ma fille, nous allons voir ce que nous allons voir ! dit la sorcière en colère.

Elle s'assit sur son balai et s'envola vers le village.

La nuit venait de tomber. Les enfants se préparaient à aller se coucher. La sorcière jeta de la poudre magique dans chaque cheminée en disant :

– Abracadabra ! Garnement, sois changé en pierre !

Et dans chaque maison, les enfants se transformèrent en pierres.

Le lendemain, les parents découvrirent leurs enfants aussi raides que des statues. Alors, ils firent venir le docteur de la ville voisine. Il n'y comprenait rien !

– C'est bizarre, dit-il. Il y a de la sorcellerie là-dessous.

Les parents pensèrent tout de suite à la grande sorcière. C'était sûrement elle qui avait jeté un mauvais sort !

Ils prirent des bâtons et se précipitèrent chez elle. La sorcière, alertée par le vacarme, sortit sur le seuil de sa maison.

– Que voulez-vous ? demanda-t-elle.

– Sorcière, nos enfants sont comme des pierres ! criaient les parents.

– Vos enfants sont des chenapans ! Ils ont attaqué ma fille dans la clairière.

Les parents se regardèrent en hochant la tête.

– Ils ont piétiné sa récolte de champignons, ajouta la sorcière.

Les parents réfléchirent encore.

– Sorcière, vous avez eu raison de donner une bonne leçon à ces polissons ! finit par dire le père d'un des enfants.

Alors, les parents jetèrent leurs bâtons. La sorcière les accompagna au village et elle reprit le sort qu'elle avait jeté. Et voilà, les enfants n'étaient plus ensorcelés !

En punition, ils allèrent dans la forêt ramasser des champignons. Ils les apportèrent à Clotilde, s'excusèrent et lui promirent de ne plus l'embêter.

La grande sorcière les invita à goûter. Elle leur donna du lait aux araignées, des biscuits et des pâtes de coings.

Clotilde se régala mais les enfants firent la grimace parce que c'était vraiment mauvais. Puis Clotilde et les enfants partirent jouer au ballon dans la forêt.

Tout content, le petit hérisson trottinait derrière eux.

– À bientôt pour un autre goûter ! Je vous ferai une tarte aux crapauds ! cria la sorcière.

À partir de ce jour, Clotilde et son

hérisson purent aller où bon leur semblait. Les enfants du village les laissèrent tranquilles. Ils se méfiaient trop des sorts de la grande sorcière.

Et puis maintenant, ils étaient amis !

Doigts de fée

Mélanie Erhardy
Illustrations de Frankie Merlier

La bonne fée du lac était en train de se baigner quand un serviteur du palais se présenta. Une princesse venait de naître et on réclamait la présence de la fée pour fixer son destin. En toute hâte, la fée se rhabilla car les rois n'attendent pas.

– Quelles vertus désirez-vous pour votre fille ? demanda-t-elle au roi. De la beauté ? De l'intelligence ?

– Une princesse n'a pas besoin de beauté, dit le roi. Ni d'intelligence. C'est inutile pour les jeunes filles. Donnez-lui plutôt de l'adresse ! Je désire une fille qui sache se servir de ses mains. Oui ! Une fille aux doigts de fée !

– J'exaucerai votre vœu, dit la fée, et elle s'apprêta à retirer une bague de son doigt.

Car c'était cette bague qui recelait le pouvoir des doigts de fée. Mais la bague n'y était plus !

– Malheur ! cria la fée en levant au ciel ses mains nues. J'ai perdu ma bague magique ! Elle a dû glisser de mon doigt et tomber dans le lac.

Aussitôt, le roi envoya des serviteurs sonder le fond du lac. Mais ces serviteurs ne trouvèrent rien d'autre qu'un vieux crapaud.

– Vieux crapaud, demandèrent-ils, as-tu vu la bague de la fée ?

– Oui ! répondit le crapaud. Ou plutôt : non ! Car, à vrai dire, je ne l'ai pas vue. Je l'ai tout simplement avalée tout à l'heure, en chantant un air d'opéra.

– Recrache-la tout de suite ! ordonnèrent les serviteurs.

– Oui, répondit le vieux crapaud. Ou, plutôt : non ! Car c'est déjà fait. Il y a un instant, j'ai éternué. La bague est sortie de ma gorge et elle est tombée sur la rive.

Aussitôt, les serviteurs se mirent à chercher la bague sur la rive du lac. Mais ils ne trouvèrent rien d'autre qu'un lézard qui se dorait au soleil.

– Lézard doré, demandèrent-ils, as-tu vu la bague de la fée ?

– Vu ? Non ! pas exactement. Car je l'ai avalée accidentellement en bâillant tout à l'heure.

– Recrache-la tout de suite ! ordonnèrent les serviteurs.

– Impossible ! répondit le lézard. Parce que c'est déjà fait. Pour avoir la vie sauve, je l'ai cédée à une pie qui allait me dévorer. Car ces oiseaux-là adorent les objets brillants.

Aussitôt, les serviteurs se mirent à rechercher la pie.

– Pie ! Pie ! Pie ! Où es-tu ?

Mais la pie venait juste de plier bagage. Elle était partie sans laisser d'adresse.

Ainsi, la bague magique ne put être retrouvée. Heureusement, la fée avait toujours sa baguette.

– Alors, que désirez-vous pour votre fille ? demanda-t-elle au roi. De la beauté ou de l'intelligence ?

– Va pour la beauté ! répondit le roi.

– Avec un peu d'intelligence quand même, opina la reine.

Finalement, la petite princesse fut dotée d'un savant mélange des deux : intelligence et beauté. Et c'était très bien ainsi.

Pendant ce temps, la pie volait vers de nouvelles contrées.

Elle se posa près d'une humble masure.

La jeune fille qui habitait là était une couturière très pauvre.

Elle donna à manger à l'oiseau qui venait de s'installer sous sa fenêtre. Pour son malheur ! Car, à partir de ce moment-là, elle devint plus pauvre de jour en jour. En effet, ses pièces d'argent, si durement gagnées, disparaissaient mystérieusement. Après, ce fut son dé à coudre, puis ses ciseaux.

La jeune fille balaya chaque recoin de son humble demeure pour les retrouver. En vain.

Dans son désespoir, elle fondit en larmes. C'était la nuit. Une nuit sombre. Soudain, la lune se leva. Et dans sa lumière, quelque chose se mit à luire sous la fenêtre. C'était le nid de la pie, rempli d'objets brillants. C'est ainsi que la jeune fille retrouva son bien perdu.

La pie fut sévèrement grondée. Cela va de soi. Toute honteuse, elle promit de ne plus jamais recommencer. Et pour montrer sa bonne volonté, elle sortit du fond de son nid une petite bague qu'elle offrit à la couturière. C'était la bague magique de la fée du lac.

Ce fut donc la pauvre couturière qui, finalement, eut des doigts de fée. Et avec ses doigts de fée, elle ne tarda pas à acquérir une grande renommée. Si grande que le roi et la reine lui commandèrent une robe d'apparat pour leur fille, la belle et intelligente princesse.

La tarte à la Mochebouille

Marie-Sabine Roger
Illustrations de Jean-Pierre Corderoc'h

La sorcière Malvicia détestait les enfants. Elle passait son temps à leur jouer des tours. D'un coup de magie, abracadatsoin ! elle faisait disparaître bonbons et jouets, et s'envoler cahiers et cartables... Dans le quartier, c'était affreux : on trouvait partout des enfants en larmes qui cherchaient leurs sucettes ou leurs robots, ou bien qui allaient à l'école sans cahiers ni cartables, en bafouillant :

– Je n'y comprends rien ! Mon cartable a disparu, ma trousse est perdue...

Pour passer inaperçue, Malvicia avait une astuce. Elle se déguisait en petite fille ! Ainsi elle pouvait s'approcher des autres enfants sans les effaroucher. Elle sortait de sa poche, discrètement, son abracadaboîte à poudre magique, éternuait dedans, atchaaaa ! et enveloppait les pauvres petits d'un nuage de Maléfix ! Après, elle n'avait plus qu'à leur jeter des sorts.

Qui aurait pu la soupçonner ? Bien sûr, en la regardant de plus près, on aurait vu son mauvais sourire, et son regard méchant. Mais personne ne songeait à la regarder de plus près, car personne ne croyait aux sorcières dans la rue. Personne, sauf Pamphyle Prunier. C'était un petit monsieur qui vendait de très vieux livres dans une drôle de boutique pleine de poussière et de toiles d'araignées. Et ce qui passionnait Pamphyle, c'étaient justement les sorcières ! En entendant tous les enfants du voisinage se plaindre de leurs malheurs, il avait compris : une sorcière venait de s'installer dans le quartier !

Il fallait la chasser, et vite ! Or la seule façon de se débarrasser d'une sorcière, c'est bien connu, c'est de lui offrir une tarte à la Mochebouille crûmeuse. Rien que l'odeur les fait saliver. Les yeux leur sortent de la tête. Leurs cheveux se dressent d'envie. Et dès qu'elles mordent dedans, elles se tassent, se ratatinent, se plissent en accordéon et disparaissent dans un grand gargouillis sonore.

Par chance, Pamphyle avait dans son grenier un vieux flacon de Mochebouille. Il ne lui restait plus qu'à faire une pâte brisée, et à mélanger la Mochebouille avec deux œufs, du sucre, de la crème fraîche et un suppositoire.

Pamphyle cuisina tout un dimanche. Puis il fit une grande pancarte et accrocha des guirlandes autour de sa vitrine. Le lendemain, une foule de bambins se pressait devant l'affiche : « Fête des enfants. Gâteaux gratuits. Venez nombreux ! »

Ravie, Malvicia, qui s'était mêlée à la foule, éternuait sans arrêt dans son abracadaboîte, couvrant tous les enfants de poudre de Maléfix. Aussitôt, ils perdaient leurs billes, leurs bretelles tombaient, leurs lacets se défaisaient… Soudain, Malvicia sentit une délicieuse odeur chatouiller ses narines. Une succulente odeur de tarte… à la Mochebouille !

Malvicia voulut fuir. Trop tard ! Elle avait beau se cramponner aux passants, essayer de reculer, rien n'y faisait : aucune sorcière ne peut résister à l'odeur d'une tarte à la Mochebouille crûmeuse !

Dans le magasin, il y avait une grande table recouverte de petits gâteaux et de tartelettes. Et au milieu, trônait la fameuse tarte. Personne n'en avait encore demandé un morceau. Les enfants grignotaient avec entrain autour du buffet.

Tout à coup, Pamphyle entendit une voix grinçante lui demander d'un ton furieux :

– Je voudrais une part de cette tarte-là !

Devant lui se tenait une petite fille avec de drôles d'yeux méchants qui commençaient à lui sortir de la tête. Et de drôles de cheveux blancs qui se dressaient sur son crâne comme

des aiguilles… La sorcière tendait un doigt crochu vers la tarte à la Mochebouille.

Avec un grand sourire, Pamphyle lui en coupa une énorme part, bien crûmeuse ! Malvicia lui jeta un regard haineux. Puis elle se mit à saliver. Enfin, sans pouvoir se retenir, elle mordit un grand coup dans la tarte, avec un cri de rage.

On la vit se tasser. Poufff ! Se ratatiner. Pffuitt ! Se plisser en accordéon. Dzzonn ! Et enfin disparaître dans un grand gargouillis sonore. Gurglll !

Alors, comprenant à quoi ils avaient échappé, tous les enfants se jetèrent dans les bras de Pamphyle, et le couvrirent de bisous poisseux !

À l'école des fées

Bénédicte Rauch
Illustrations de Marie-Anne Didierjean

À l'âge de trois ans, trois mois et trois jours, lorsque Greluchette était entrée à l'école des fées, sa maman, la fée Merluchette, lui avait dit :

– Ma petite Greluchette, tu vas apprendre tout ce qu'il faut savoir pour devenir une bonne fée. Applique-toi et tâche de réussir ton examen ! Après, je te promets de t'offrir ta première vraie baguette magique !

Mais Greluchette n'était pas faite pour les études. Pendant les cours de la fée Rigoulette qui était la maîtresse, elle s'ennuyait terriblement et bâillait au lieu d'écouter. Son premier bulletin désola sa maman…

Français : 0 sur 10

Calcul : 0 sur 10

Géographie : 0 sur 10

Histoire des fées : 0 sur 10

Gymnastique : 0 sur 10

De plus, la fée Rigoulette avait ajouté cette terrible remarque au stylo rouge : « Greluchette est une fée-néante ! » Devant le chagrin de sa maman, Greluchette promit de faire des efforts.

Cependant, malgré toute sa bonne

volonté, elle ne parvenait pas à apprendre par cœur les formules magiques. Quant aux problèmes dans lesquels il fallait multiplier des rayons de lune par des gouttes de rosée, ils lui paraissaient bien trop compliqués. En histoire des fées, elle confondait allégrement la date de naissance de la fée Mélusine avec celle de la fée Carabosse et en géographie, le château de la Belle au bois dormant avec celui de Barbe-Bleue.

Comme par-dessus le marché Greluchette était très bavarde, elle distrayait ses voisines. Alors la fée Rigoulette, excédée, la punissait en la mettant sous son bureau avec sur la tête un double chapeau de fée qui lui faisait comme des oreilles d'âne.

Mais un jour, alors que la maîtresse faisait une dictée de formules magiques et que Greluchette s'amusait à faire des cocottes en papier sous le bureau où on l'avait oubliée, le terrible magicien Grolar-Cabochar fit irruption dans la salle de classe. Il demanda aux apprenties fées de sortir dans la cour et quand il fut seul avec la fée Rigoulette, il lui ordonna de lui remettre sur-le-champ un grimoire très rare contenant le secret des fées, qu'elle gardait dans le tiroir de son bureau.

– Non, Grolar-Cabochar, jamais de la vie tu ne l'auras, lui répondit la maîtresse très en colère.

Alors Grolar-Cabochar s'approcha d'un air menaçant et poussa la fée Rigoulette dans le seau d'eau qui servait à nettoyer le tableau. Greluchette, qui avait assisté à toute la scène, comprit qu'il fallait faire quelque chose pour l'aider. Sans réfléchir davantage, elle se saisit de la baguette magique de sa maîtresse, qui était posée tout près d'elle sur le bureau. Et au moment où l'affreux Grolar-Cabochar allait mettre la main sur le grimoire, rassemblant tout son courage, Greluchette pointa la baguette sur lui et récita la première formule magique qui lui vint à l'esprit.

– Abror, cadabror, Grolar-Cabochar, crapaudi crapaudo et presto.

Aussitôt le terrible Grolar-Cabochar, qui ne s'y attendait pas du tout, se transforma en un crapaud visqueux.

– Bravo, Greluchette, dit la fée Rigoulette en enfermant le crapaud dans un bocal. Grâce à toi, le secret des fées est sauvé! J'ai dû me tromper sur ton compte car tu as

toutes les qualités nécessaires pour devenir une très bonne fée !

À partir de ce jour, encouragée par ce compliment, Greluchette fit des progrès fulgurants. Et le trimestre suivant, lorsque sa maman, la fée Merluchette, lut son bulletin, elle n'en crut pas ses yeux :

Français : 10 sur 10

Calcul : 10 sur 10

Géographie : 10 sur 10

Histoire des fées : 10 sur 10

Gymnastique : 10 sur 10

De plus, la fée Rigoulette avait ajouté cette excellente remarque au stylo rouge : « Greluchette est une fée très appliquée ! »

Serrant très fort sa fille dans ses bras, la fée Merluchette lui murmura tout bas :

– Je suis très fière de toi.

Et sans attendre que Greluchette ait réussi son examen, elle l'emmena dans le plus chic des magasins d'équipement pour fées et lui acheta la plus perfectionnée des baguettes magiques.

Le géant et la petite fille

Marie Page

Illustrations d'Olivier Vaillon

Pito le jeune géant fait triste mine depuis quelques semaines. Il aime Julie. Mais Julie n'est pas une géante. C'est une petite fille ordinaire. Enfin, pour lui, elle n'est pas ordinaire. Elle est la plus magnifique de toutes les créatures de la planète. Il adore ses longs cheveux blonds. Et quand elle va à l'école, il se couche dans le pré pour la regarder passer. Il aime la voir sautiller dans les flaques d'eau avec ses bottes blanches.

Mais comment lui dire qu'il l'aime ? Chaque fois qu'il tente de lui parler, sa voix est si forte que Julie est effrayée. Elle va se cacher derrière un arbre. Elle croit que c'est le tonnerre qui gronde. Le géant a bien essayé de prendre une petite voix douce, mais même lorsqu'il murmure le nom de Julie, elle se bouche les oreilles !

Un jour où Julie passe sur le chemin, Pito la prend du bout des doigts et la dépose sur la paume de sa main. La petite fille n'est pas plus

grande que son index. Elle cric mais sa voix est trop faible pour qu'il puisse l'entendre. Elle se débat, donne des coups de pied. Ça le chatouille juste un peu, comme si une mouche marchait sur sa main. Pourtant, Pito voit bien que Julie n'a pas l'air contente.

Alors, il la reprend délicatement du bout des doigts, comme il ferait pour cueillir une fraise, et il la remet sur le chemin. Pauvre Julie ! Elle ne comprend pas ce qui lui est arrivé et se sauve à toute allure.

Pito ne veut pas faire de peine à Julie. Au contraire ! C'est cela qui le rend triste. Chaque fois qu'il essaie de lui montrer son amitié, il lui fait peur. Pito va parler de son problème à son ami Kouki qui a toujours de bonnes idées.

– Mais c'est facile, dit Kouki à Pito. Tu feras ceci... et puis encore cela... !

Aussitôt, le visage du géant s'éclaire. Julie et ses amies sont très surprises, le lendemain matin, sur le chemin de l'école. De gigantesques pancartes sont plantées le long de la route. Il y est écrit : « Julie, Je t'aime de tout mon cœur. Je voudrais devenir ton ami. S'il te plaît, réponds-moi, écris-moi. » C'est signé : « Pito le géant ».

Julie comprend tout. Elle écrit une lettre au géant et lui explique qu'elle a eu très peur. Il ne doit plus jamais lui causer de pareilles frayeurs. Oui, elle veut bien devenir son amie. La petite fille a écrit en faisant de très grosses lettres sur une très grande feuille qu'elle tend au géant. Mais l'écriture de Julie est trop petite.

Le géant n'arrive pas à la lire : la feuille n'est pas plus grande qu'un de ses ongles. Alors, fou de joie, Pito emporte la lettre avec lui. Il va la lire au microscope.

C'est ainsi que le géant et la petite fille deviennent de très bons amis et s'écrivent beaucoup.

Maintenant, Julie n'a plus besoin de marcher pour aller à l'école. Dès qu'elle sort de la maison, son ami le géant la soulève, l'installe sur la paume de sa main et la dépose devant la porte de l'école. Quand elle a envie de croquer une pomme, elle lui demande de secouer un peu le pommier. C'est très pratique d'avoir un ami géant ! En retour, Julie lui raconte plein d'histoires sur la vie de ces toutes petites créatures que sont les humains.

La fée du violon

Ann Rocard
Illustrations de Marie-Anne Didierjean

Ce soir, comme tous les soirs, Yanou soupire :

– Pfff… C'est dur ! J'en ai assez de ces exercices. Ah, si mon violon pouvait jouer tout seul…

Au moment où il prononce ces mots, un son aigu se fait entendre : « hii ! »

– Je n'ai pourtant rien touché ! dit le petit garçon en sursautant.

Hiiiiii ! Ça alors ! Les cordes vibrent sans qu'on les effleure… et une petite voix résonne à l'intérieur du violon :

– Peux-tu m'aider à sortir de là ?

Yanou regarde attentivement les ouïes, les deux fentes placées près des cordes. Incroyable ! Une petite bonne femme rousse gesticule à l'intérieur de l'instrument.

– Qui es-tu ? Que fais-tu là ? s'étonne Yanou.

– Je m'appelle Sidonie. Je suis la fée de ton violon.

– Une fée ? s'exclame Yanou. C'est une blague ?

– Est-ce que j'ai l'air d'une blague ? se fâche Sidonie.

Yanou n'en croit pas ses yeux. Il tourne le violon dans tous les sens. Non, il ne rêve pas. Une minuscule bonne femme est prisonnière de l'instrument de musique.

– Dépêche-toi ! insiste Sidonie. J'étouffe !

Yanou hoche la tête : comment la faire sortir de sa prison ?

– Tu es une vraie fée ? demande-t-il.

– Évidemment, quelle question ! répond Sidonie, mécontente.

– Tu n'as qu'à prononcer une formule, dit le petit garçon. Pourquoi aurais-tu besoin de mon aide ?

– J'ai perdu mes pouvoirs magiques, soupire Sidonie. Toi seul peux me les rendre, en jouant un petit air sur ton violon.

– Quel petit air ?

– Un air secret, murmure la fée. Je ne peux pas t'en dire plus.

Yanou sort ses partitions et commence à jouer tous les airs qu'il connaît. Hélas, Sidonie secoue tristement la tête :

– Non, non, trois fois non ! Je resterai dans ma prison.

Tous les soirs, Yanou prend son violon quand il rentre de l'école. Pas moyen de trouver l'air mystérieux !

À l'intérieur de l'instrument de musique, Sidonie sanglote sans arrêt :

– Je suis perdue, perdue, perdue…

Rien ne peut plus la consoler.

Un jour, Yanou entre dans sa chambre en sifflotant un drôle de refrain. Une chanson un peu folle qu'il a apprise à l'école. Il saisit son archet, son violon… et commence à jouer. Le drôle de refrain résonne dans la chambre et s'envole vers le plafond.

Plus un bruit. Sidonie ne pleure pas. Peut-être est-elle morte de chagrin au fond de sa prison ?

Alors Yanou pose son violon sur son lit, en disant :

– J'abandonne ! Fini la musique !

Hiiiiii ! Au même instant, un air extraordinaire se fait entendre et la fée Sidonie se met à chanter :

– Je suis sauvée ! Do mi do ré ! Yanou, merci ! Do ré do mi !

Eh oui ! Le petit garçon a enfin trouvé l'air secret. Grâce au drôle de refrain, la petite fée a retrouvé ses pouvoirs magiques. Elle peut sortir du violon quand elle le désire. Mais elle préfère y passer les nuits, bien à l'abri.

Plus tard, Yanou deviendra un musicien célèbre. Il donnera des concerts aux quatre coins du monde. Personne ne saura jamais qu'il fait semblant de jouer… car à l'intérieur de son instrument se cache une petite bonne femme aux cheveux roux, Sidonie la fée du violon. Mais chut ! il ne faut pas le répéter !

La sorcière Fil-de-Fer

Marie-Odile Judes
Illustrations de Marie-Anne Didierjean

Monsieur et madame Machintruc auraient été des parents comblés si leurs deux enfants, Affreux Jojo et Petite Peste, n'avaient pas été si capricieux.

Quand il n'obtenait pas ce qu'il voulait, Affreux Jojo avait des colères terribles et tapait du pied.

Quant à Petite Peste, elle allait bouder dans son placard.

Un soir, alors qu'Affreux Jojo avait hurlé et tapé du pied plus fort que d'habitude et que Petite Peste était restée trois heures dans son placard, madame Machintruc s'écria, exaspérée :

– Vous mériteriez que j'appelle la sorcière Fil-de-Fer !

À peine avait-elle prononcé ces paroles qu'une épaisse fumée noire envahit la chambre des enfants et qu'une voix aigrelette s'écria :

– Me voilà, me voilà !

Quand la fumée noire se fut dissipée, madame Machintruc et ses enfants découvrirent une vieille femme toute maigre et toute racornie au milieu de la pièce.

– Qui… qui êtes-vous ? demanda madame Machintruc, le nez rouge et les yeux larmoyants à cause de la fumée.

– Qui je suis ? Mais la sorcière Fil-de-Fer, voyons ! répondit la petite vieille de sa voix aigrelette.

Elle se tourna vers Affreux Jojo et lui dit :

– Écoute-moi bien, mon garçon : chaque fois que tu taperas du pied, pour te punir, je te ferai passer à travers le plancher !

Puis elle regarda Petite Peste et lui dit :

– Et toi, ma fille, chaque fois que tu iras bouder dans ton placard, je bloquerai la porte pour que tu ne puisses plus en sortir !

Là-dessus, la sorcière cracha une épaisse fumée noire et disparut.

Quand madame Machintruc eut bien toussé, larmoyé et reniflé à cause de la fumée, elle s'écria :

– Eh bien, j'espère qu'à l'avenir, vous ferez moins de caprices !

Affreux Jojo et Petite Peste font toujours autant de caprices.

Cependant, Affreux Jojo fait bien attention à ne plus taper du pied. Par peur de se retrouver au centre de la terre.

Quant à Petite Peste, elle ne va plus bouder dans son placard. Dans la crainte d'y rester enfermée pour toujours !

Une soif de géant

Mélanie Erhardy

Illustrations d'Olivier Vaillon

Sur une montagne lointaine vivait un géant joyeux. Il avait près de cinq cents ans et se portait bien, ma foi. Cinq cents ans, ce n'est pas vieux pour un géant. Car il lui faut déjà tellement de temps pour atteindre sa taille de géant.

Un jour, le géant eut l'idée de descendre de sa montagne pour voir ce qui se passait en bas. Il arriva dans une vallée où coulait un torrent. Comme il avait soif, il s'approcha pour se désaltérer.

– Stop ! crièrent les truites qui vivaient dans le torrent. Cette eau est dangereuse. Elle est pleine de cailloux. Tu risques de t'étouffer en la buvant. Va plutôt boire à l'étang de la forêt !

Évidemment, les truites cherchaient à se débarrasser du géant. Elles avaient peur qu'il boive toute l'eau du torrent. Car la soif d'un géant est redoutable.

Bon bougre, le géant se rendit à l'étang. Pressé d'apaiser sa soif, il plongea la tête dans l'eau. Mais à ce moment-là, les grenouilles qui habitaient l'étang se mirent à coasser :

– Gare, gare ! Eau non potable !

Évidemment, les grenouilles mentaient. Elles avaient tout simplement peur que le géant vide l'étang.

– Va plus loin et demande à boire au bûcheron ! Il a toujours une gourde sur lui.

Bon bougre, le géant courut trouver le bûcheron. Il avait la gorge si sèche, à présent, qu'il pouvait à peine parler.

– S'il te plaît, bûcheron, donne-moi à boire.

– Avec plaisir ! dit le bûcheron. Il me reste justement un fond de café dans ma gourde.

– Ah non ! cria le géant. Jamais de café après huit heures du matin. Ça empêche de dormir.

– Désolé, camarade, dit le bûcheron. Mais va donc au village ! Aujourd'hui, à l'auberge, on sert à boire gratuitement. Car c'est l'anniversaire du patron.

Le géant se précipita vers l'auberge. Il se sentait défaillir, tellement la soif le tiraillait.

– À boire ! soupira-t-il en essayant de glisser la tête par la porte.

Malheureusement, seul son menton pouvait passer.

– Fichtre ! crièrent les consommateurs en voyant le menton.

Puis ils blêmirent. Ils se turent et s'immobilisèrent. Car chacun, dans son coin, pensait la même chose :

« Malheur ! J'ai trop bu. Je commence à avoir des visions. Je dois être pompette ! »

Alors, le géant mit la tête dans le tonneau qui recevait l'eau de pluie des gouttières. Et il le vida d'un trait.

– Youpi ! s'écria-t-il. Me voilà requinqué !

Il convient de savoir que les géants vivent essentiellement d'eau fraîche. C'est pourquoi, d'ailleurs, ils se portent si bien et vivent si longtemps.

– Youpi ! répéta le géant joyeusement. Quelle merveilleuse randonnée j'ai faite ! J'ai rencontré des buveurs muets, un bûcheron gentil, des grenouilles menteuses et des truites avares. Quelle expérience !

Là-dessus, le géant retourna sur ses pas et prit le chemin de la montagne lointaine, tout en fredonnant une chansonnette de sa composition :

« Une gorgée d'eau fraîche
et beaucoup de gaieté,
voilà les secrets de la longévité ! »

Broussaille et Bataille

Bénédicte Rauch
Illustrations d'Olivier Vaillon

Broussaille et Bataille étaient des géants jumeaux. Ils avaient tous les deux des cheveux roux et une grande barbe. Mais leurs caractères étaient bien différents !

Broussaille vivait dans la forêt au milieu des animaux. Dans ses cheveux en broussaille, il abritait des biches et des chevreuils. Dans ses sourcils touffus, vivaient des écureuils. Et dans sa barbe, se cachaient des lièvres et des cailles.

Bataille, quant à lui, avait choisi la ville et les hommes étaient ses amis. Dans ses cheveux en bataille, les gens se promenaient en famille, le dimanche après-midi. Dans ses sourcils touffus, on faisait la sieste sans retenue. Et dans sa barbe, les enfants jouaient à cache-cache.

Mais un jour, un méchant loup gris se glissa dans la barbe de Broussaille. Et malgré les efforts du géant pour se débarrasser de lui, le loup se mit à terroriser les biches, les chevreuils et même les écureuils. Alors Broussaille appela son frère Bataille au secours.

– Il faut trouver une solution, lui dit-il, avant que ce loup gris ne chasse tous les animaux.

– Je vais en parler aux hommes, mes amis, proposa Bataille.

Et le dimanche suivant, Bataille réunit tous les papas, les enfants et les mamans qu'il connaissait, pour leur exposer le problème de son frère Broussaille.

– Il faut envoyer des chasseurs

avec de grands fusils, proposèrent les papas.

– Il faut coudre la gueule du loup avec du fil à repriser les chaussettes, affirmèrent les mamans.

– Surtout, il ne faut pas effrayer les autres animaux, ajoutèrent les enfants.

Après bien des discussions, on décida d'attirer le loup dans la barbe de Bataille pour lui régler son compte. Les mamans firent cuire un énorme bifteck sur un barbecue installé par les papas derrière une des oreilles de Bataille. Celui-ci s'approcha de son frère Broussaille comme pour l'embrasser. Et le méchant loup gris, attiré par l'odeur de la viande, sauta sans s'en rendre compte d'une barbe de géant à l'autre.

Alors les papas sortirent leurs fusils et tirèrent en l'air. Les mamans enfilèrent leurs aiguilles et les enfants, pour narguer le loup, chantèrent à tue-tête :

– Qui craint le grand méchant loup ? C'est pas nous ! C'est pas nous !

Épouvanté par tout ce vacarme et tout désorienté, le loup bondit hors de la barbe de Bataille et s'enfuit droit devant lui, bien décidé à ne plus jamais chasser dans la barbe d'aucun géant.

Tout joyeux, les géants jumeaux se mirent à sauter de joie en riant.

Et depuis ce jour, tous les dimanches, Broussaille et Bataille se promènent bras dessus, bras dessous, tandis que les papas et les mamans observent du coin de l'œil les biches et les chevreuils. Et il n'est pas rare que les enfants jouent à cache-cache avec les lièvres et les cailles sans savoir s'ils sont dans la barbe du géant Broussaille ou dans celle du géant Bataille.

Les trois sorcières qui jouaient aux dames

Mélanie Erhardy
Illustrations de Maryse Lamigeon

Il était une fois trois sorcières. La première était grosse. Elle s'appelait Fourchette et elle aimait faire la cuisine. La deuxième aimait faire le ménage et le raccommodage. Ce qui est rare pour une sorcière. Elle s'appelait Proprette. La dernière s'appelait Paresse. Et elle aimait ne rien faire.

Les trois sorcières étaient amies. Chaque mardi soir, elles se retrouvaient pour jouer aux dames. Comment joue-t-on aux dames à trois ? Cela est impossible, serait-on tenté de dire. Eh bien, non ! Pas pour des sorcières.

Un mardi soir donc, alors qu'elles faisaient leur partie habituelle, quelqu'un frappa à la porte.

– Pffft ! fit Paresse en soufflant la bougie. Je déteste être dérangée.

Mais déjà, la porte s'ouvrait. L'homme qui avait frappé ne pouvait attendre tant il était en piteux état. Il tenait à peine sur ses jambes. Ses vêtements déchirés ruisselaient de boue. Il avait un œil au beurre noir et une barbe de dix jours.

– Qui es-tu, pauvre malheureux ? demanda Paresse du fond de son fauteuil.

– Je vais vous étonner, répondit l'homme d'une voix brisée. Je suis le roi ! Voilà ce qu'il m'est arrivé : j'étais à la chasse, lorsque des bandits m'ont attaqué. Ils ont volé mon cheval et ont fait fuir mon écuyer. Quant à moi, j'ai dû me cacher dans un ruisseau. Et j'ai perdu mon chemin.

– Quel malheur ! dirent Fourchette, Proprette et Paresse.

Elles avaient les larmes aux yeux. Car c'étaient des sorcières gentilles.

– Mangez donc un peu de soupe, Sire !

– Daignez vous reposer, Sire !

– Même avec vos bottes crottées aux pieds !

Une fois le roi couché, les trois sorcières se remirent à jouer aux dames. Mais le cœur n'y était plus. Elles pensaient toutes la même chose : jouer aux dames, c'est amusant. Mais être une dame, une dame à la cour, cela doit être mille fois mieux !

– Comment faire pour devenir une dame ? demanda Fourchette.

– J'ai entendu dire, dit Paresse, que cela dépend du roi. S'il vous aime bien, vous voilà dame.

– Mais alors, c'est facile ! s'écrièrent Fourchette et Proprette. Nous n'avons qu'à nous faire aimer.

Dès cet instant, elles mirent tout en œuvre pour faire plaisir au roi. Fourchette lui prépara des plats réconfortants et des potions pour guérir. Proprette répara ses vêtements et recousit ses boutons. En revanche, Paresse ne fit rien, comme à son habitude. Une fois, elle se mit à fredonner une berceuse, mais le roi la pria de se taire : elle chantait faux !

Quand le roi eut reprit des forces, les sorcières lui firent cadeau d'une boussole, d'un cheval et d'un écuyer. Car tel était leur pouvoir de sorcières.

Ainsi le roi put repartir pour son palais. Comme c'était un roi généreux, il n'oublia pas les sorcières qui l'avaient secouru. Il fit envoyer à Fourchette une marmite en or. Et à Proprette une serpillière en soie brodée de roses.

Et Paresse ? Puisqu'elle savait si bien passer son temps à ne rien faire, le roi décida de l'anoblir. Car tel était son pouvoir de roi ! C'est ainsi que la sorcière Paresse devint dame à la cour !

Mais chaque mardi soir, Fourchette et Proprette se présentaient au palais. Car pour rien au monde les trois sorcières n'auraient renoncé aux parties de dames à trois !

La fée de la corbeille à papier

Ann Rocard

Illustrations de Dominique Pellequer

Un jour, Mathilde jette une boule de papier dans sa corbeille… et un cri retentit :

– Aïe !

Surprise, la petite fille écarte les feuilles chiffonnées et elle aperçoit une drôle de poupée, vêtue d'une robe dorée et coiffée d'un chapeau pointu.

– Ça alors ! s'écrie Mathilde. Qui a mis cette poupée à la poubelle ?

– Je ne suis pas une poupée ! Je suis une fée !

Mathilde n'en revient pas. Elle tend la main et la petite bonne femme saute sur ses doigts en disant :

– Bonjour ! Je me présente : Guillemette, profession : fée du logis.

– Bonjour ! Moi, c'est Mathilde, un peu sorcière quand je suis en colère. Tu es une vraie fée ?

– Évidemment ! répond Guillemette.

– Il y a longtemps que tu habites ici ?

– Oh non ! dit la fée. Je viens juste d'emménager.

Mathilde hoche la tête :

– Ce n'est pas une bonne idée. Chaque soir, on vide cette corbeille.

Tu finiras tes jours à la décharge.

Horrifiée, Guillemette se met à pleurer. Heureusement, Mathilde lui propose :

– Je peux te trouver une autre cachette, bien moelleuse : dans ma boîte à chaussettes.

Aussitôt, Guillemette sèche ses larmes et murmure :

– Pour te remercier, je peux réaliser les trois souhaits que tu prononceras à voix haute.

– Trois souhaits ? Comme dans les contes de fée ? s'exclame Mathilde. Hum... Il faut que je réfléchisse ! Vivre dans une maison en pain d'épice qu'on croque toute la journée ? Non... Changer de famille ? Non... Faire le tour de la terre en hélicoptère ? Non... Cacher un cheval ou un poney sous mon lit ? Non...

Mathilde a bien du mal à se décider et elle ronchonne :

– Ah, si j'avais une grosse tête, pleine d'idées... ce serait mille fois plus facile !

– Bigoudi bigouda, chokoli et chokola !

La fée claque des doigts et la tête de Mathilde se met à grossir, grossir, grossir... Attention ! Elle va exploser !

– Arrête ! crie la petite fille. Rends-moi vite ma tête à moi !

– Bigoudi bigouda, chokoli et chokola !

Guillemette claque des doigts et Mathilde redevient comme avant.

– Tu n'as plus qu'un souhait, remarque la fée.

La petite fille soupire et tourne sept fois sa langue dans sa bouche avant de parler. Cette fois-ci, elle ne doit pas dire n'importe quoi !

– Je voudrais... Je voudrais...

– Je t'écoute ! interrompt la fée.

– Je voudrais que tu habites toujours dans ma chambre. Comme ça, je pourrais te confier mes secrets, te raconter ce que j'ai fait à l'école, te

parler quand je serais triste ou gaie. C’est possible ?

– Bigoudi bigouda, chokoli et chokola !

Guillemette claque des doigts, saute dans la boîte à chaussettes et déclare en souriant :

– Promis, juré ! Parole de fée ! Je ne te quitterai plus jamais !

Le géant et la sorcière en bois

Dolorès Mora
Illustrations de Jean-Pierre Corderoc'h

Il était une fois un géant qui habitait dans les montagnes. Il cultivait des légumes dans son potager, en particulier de mystérieuses pommes de terre pour le fils du roi de la vallée.

C'étaient des pommes de terre à chair verte, uniques au monde, dont une fée lui avait délivré le secret. Il en prenait grand soin et veillait à ce que personne n'y touche.

Un jour qu'il venait de récolter ses pommes de terre, il contempla l'immense tas avec satisfaction. Comme il devait descendre au village pour vendre ses salades au marché, il alla au poulailler demander à la poule naine de surveiller la montagne de pommes de terre.

– Compte sur moi, géant ! dit-elle aimablement.

Il grimpa dans son camion gigantesque, se mit au volant et partit. La poule prit son arc et ses flèches et s'installa au milieu du champ pour monter la garde.

Or, il y avait une sorcière en bois qui vivait dans une grotte sur le flanc de la montagne et qui mourait d'envie de goûter à ces fameuses pommes de terre. Alors qu'elle ramassait des champignons dans la forêt, elle vit passer le camion du géant et décida d'aller lui voler des pommes de terre. Elle pourrait en accommoder sa soupe qui cuisait dans la grande marmite.

La sorcière retourna dans sa grotte, attrapa un baluchon et enfourcha son balai. Arrivée au potager du géant, elle fut surprise de voir la poule naine qui montait la garde. Qu'à cela ne tienne ! Elle lui versa une poudre magique sur la tête et la poule sombra dans un profond sommeil.

La sorcière se posa sur le sol et ramassa toutes les pommes de terre. Mais le sac était si lourd que le balai refusa de s'envoler. La sorcière dut faire plusieurs voyages pour accomplir son méfait.

Alors qu'elle en était au dernier, la poule se réveilla. Elle saisit son arc et envoya une volée de flèches sur la sorcière qui s'enfuyait. Une flèche troua le baluchon et des pommes de terre tombèrent tout le long du trajet.

Une fois dans sa grotte, la sorcière vida le baluchon et jeta des pommes de terre dans la soupe qui mijotait. Au bout de quelques instants, la marmite se mit à trembler, des bulles éclatèrent à la surface et une bonne odeur de chlorophylle embauma la grotte.

Stupéfaite, la sorcière découvrit que les pommes de terre étaient en chewing-gum. C'était le secret du géant.

Pendant ce temps, la poule naine, affolée, parcourait les champs avec son arc et ses flèches pour essayer de retrouver la sorcière.

Au détour du chemin, elle rencontra le géant qui revenait du marché dans son immense camion. Surpris, le géant arrêta son véhicule, passa la tête par la portière et s'écria :

– Mais que fais-tu ici ? Et mes pommes de terre ?

La poule bredouilla :

– Toute la récolte a été volée par une sorcière qui m'a envoûtée.

Rouge de colère, le géant cria :

– Tu vas la retrouver ou je te fais cuire au court-bouillon !

La poule effrayée partit en courant à la recherche de la sorcière en bois. Sur la route, elle rencontra un âne qui faisait des bulles en mastiquant très fort. Elle lui demanda :

– Âne, d'où sors-tu ce chewing-gum ?

– Je l'ai trouvé là-bas. C'est drôle, il ressemblait à une pomme de terre ! répondit-il en montrant l'endroit avec son sabot.

C'est ainsi que la poule découvrit la piste. Elle ramassa les pommes de terre perdues par la sorcière en bois, qui la menèrent tout droit à la grotte. Elle risqua un œil et vit la sorcière se débattre avec le chewing-gum qui débordait de sa marmite. Plus elle tirait, plus il y avait de fils et de bulles.

La petite poule alla prévenir le géant. Elle sortit de dessous son aile les pommes de terre qu'elle

avait ramassées et lui indiqua la direction à prendre pour retrouver les autres.

Le géant prit la poule sur un doigt et partit en courant vers la grotte.

À sa vue, la sorcière dit : « Abracadabra ! » et lui jeta des sorts, mais il les détourna en soufflant dessus.

Il attrapa la sorcière en bois dans ses mains immenses et la jeta telle une simple bûche dans le feu, où elle brûla comme une allumette.

Le géant et la poule rassemblèrent les pommes de terre en chewing-gum qui restaient dans un grand sac et les livrèrent sans tarder au fils du roi.

En paiement de la récolte, le géant reçut des pièces d'or et il remonta dans son camion avec la poule caquetante sur la tête.

TABLE

La sorcière Poil-de-Balai p. 7

La fée du bobo p. 11

Grand-mamifée p. 15

La confiture de lutins p. 23

Le géant a mal aux dents p. 29

La fée du potager p. 35

La fée Miranda et son frère p. 41

Le géant rouge p. 47

Une baguette pour Cornaline p. 55

La sorcière et le bonhomme de neige p. 61

Filovent, championne du monde p. 69

Le géant Désolé p. 75

La fée des sables p. 83

Le temps des géants p. 89

Le géant de balivernes p. 95

À l'école des sorcières p. 101
Un, deux, trois, j'adore le nougat p. 107
Clotilde la petite sorcière p. 113
Doigts de fée p. 121
La tarte à la Mochebouille p. 129
À l'école des fées p. 135
Le géant et la petite fille p. 141
La fée du violon p. 147
La sorcière Fil-de-Fer p. 153
Une soif de géant p. 157
Broussaille et Bataille p. 163
Les trois sorcières qui jouaient aux dames p. 169
La fée de la corbeille à papier p. 175
Le géant et la sorcière en bois p. 181